明永樂内府本四書集注大全

第九册

明　胡廣等撰

中國國家圖書館藏明永樂十三年内府刻本

山東人民出版社·濟南

孟子集註大全卷之七

離婁章句上

凡二十八章

孟子曰離婁之明公輸子之巧不以規矩不能成方員師曠之聰不以六律不能正五音堯舜之道不以仁政不能平治天下

離婁古之明目者公輸子名班魯之巧人也規所以爲員之器也所運以爲圓之筵也矩所以爲方之器也今曲尺也師曠字子野晉之樂師知音者也六律截竹爲筩音同陰陽各六以節五音之上下黃鍾大音泰簇千候反姑洗先上聲蕤儒追反賓

夷則。無射。音亦爲陽。大呂。夾鍾。仲呂。林鍾。南呂。應鍾。爲陰也。前漢律歷志云。十二律。黃帝之所作也。黃帝使伶倫自大夏之西。昆侖之陰。大夏。西戎之國。昆侖。山名也取竹之解谷生其竅厚均者。斷兩節間而吹之。以爲黃鍾之宮。制十二筩以聽鳳之鳴。其雄鳴爲六。雌鳴亦六。比黃鍾之宮而皆可以生之。比。合也是謂律本。律十有二。陽六爲律。陰六爲呂。律以統氣類物。一曰黃鍾。二曰太簇。三曰姑洗。四曰蕤賓。五曰夷則。六曰亡射。呂以旅陽宣氣。一曰林鍾。二曰南呂。三曰應鍾。四曰大呂。五曰夾鍾。六曰中呂。中讀曰仲有三統之義焉。趙氏曰。只言六律者。陽統陰也五音宮商角徵羽也。長里反范氏曰。此言治天下不可無法度。仁政者。治天下之法度也。雙峯饒氏曰。規矩六律。當來皆是聖人做起。雖離婁公輸師曠亦不可無之。況庸匠庸工乎。不以仁政。雖聖人也不能平治天下。況後世乎

今有仁心仁聞。而民不被其澤。不可法於後世者。不行先

王之道也聞去聲

仁心愛人之心也。仁聞者有愛人之聲聞於人也。先王之道。仁政是也。范氏曰。齊宣王不忍一牛之死。以羊易之。可謂有仁心。梁武帝終日一食蔬素。宗廟以麪爲犧牲。斷都玩反死刑必爲去聲之涕泣。天下知其慈仁。可謂有仁聞。通鑑。梁武帝天監十六年四月。詔以宗廟用牲牢。有累冥道。宜皆以麪爲之。於是朝野諠譁以爲宗廟去牲。乃是不復血食。帝竟不從。八座乃議以大脯代一元大武。十月詔以宗廟猶用脯脩。更議代之。於是以大餅代大脯。其餘盡用蔬果。○自天監中用釋氏法長齋。斷魚肉。日止一食。惟菜羹糲飯而已。糲米之不精者。郎葛洛盍力制三反身衣去聲布衣。木綿皁帳。後宮貴妃以下。衣不曳地。○每斷重罪。終日不懌。或謀反事覺亦泣而宥之。由是王侯益橫。上深知其弊而溺於慈愛。不能禁也。然而宣王之時齊國不治。去聲武帝之末江南大亂。其故何哉。有仁心仁聞而不行先王之道故也。問孟子告齊宣王曰。是心足以王矣。則仁心者。固王政之本也。今曰有仁心仁聞而不行先王之道。則是所謂仁心者。初不足恃。而所謂先王之道者。又在此心之外也。朱子曰。是心足以王者。言有是心而能擴充之以行先王之道。如其篇末所論制民之產云者。則可以王爾。非謂專恃此心而直可以王也。先王之道。固亦由是而推之以爲法耳。但其盡心知性而無私意小智之累。故其爲法也。盡天理。合人心。雖聖人復起。有不能易者。後之人君當因吾心而廣之。以盡夫法制之善。而充吾心之固有者。非謂心外有法而俟於他求也。後人雖有是心而不能無私意小智之累。苟不循是而之焉。則雖有仁心仁聞而未免於徇利妄作之失。譬之蔑棄規矩而欲以手制方員。其器之不至於苦窳者幾希矣。○慶源輔氏曰。齊宣王梁武帝不能行先王之道則同。若論其所以不能行之故則異。宣王不學無術。奪於功利而不能行先王之道者也。武帝則惑於異端。避罪要福而不能行先王之道者也。宣王有仁心而不能保。武帝有仁聞而非其眞

○雲峯胡氏曰。上文云堯舜之道。下文云行先王之道。道一而已。有仁心。則此道蘊於中。是爲美意。有仁政。則能行此道於外。是爲良法

故曰。徒善不足以爲政。徒法不能以自行

徒。猶空也。有其心無其政。是謂徒善。有其政無其心。是謂徒法。程子嘗言爲政須要有綱紀文章。謹權審量。量去聲讀法平價。皆不可闕。而又曰。必有關雎麟趾之意。然後可以行周官之法度。新安陳氏曰。引程子前一說以證徒善謂不可無法。又引後一說以證徒法謂不徒在於法正謂此也。朱子曰。所謂文章者。便是文飾那謹權審量讀法平價之類耳○須是自閨門衽席之微。積累到薰蒸洋溢。天下無一不被其化。然後可以行周官之法度。不然則爲王莽矣

詩云。不愆不忘。率由舊章。遵先王之法而過者。未之有也

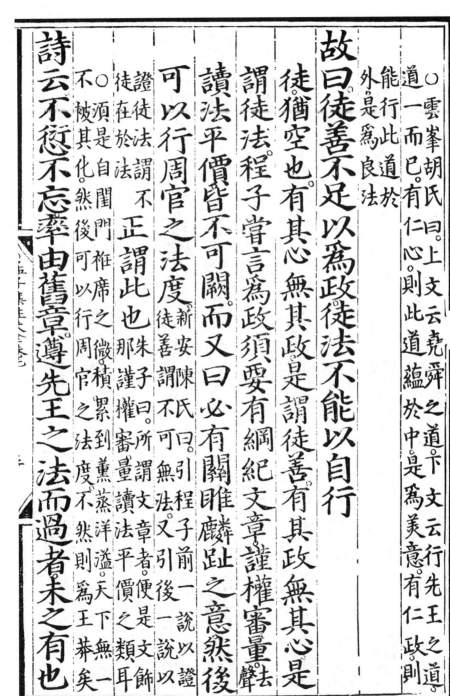

詩大雅假詩傳讀作嘉樂音洛之篇。愆過也。率循也。章典法也。所行不過差不遺忘者。以其循用舊典故也。慶源輔氏曰。過差謂用意過當處。遺忘謂照顧不及處。遵用舊典則有所循。故不過差。有所據。故不遺忘。

聖人既竭目力焉。繼之以規矩準繩。以爲方員平直。不可勝用也。既竭耳力焉。繼之以六律正五音。不可勝用也。既竭心思焉。繼之以不忍人之政。而仁覆天下矣。勝平聲

準所以爲平。繩所以爲直。覆敷救反被去聲也。此言古之聖人既竭耳目心思之力。然猶以爲未足以徧天下及後世。故制爲法度以繼續之。則其用不窮。而仁之所被者廣矣。慶源輔氏曰。規矩準繩。爲方員平直之法度也。六律。正五音之法度也。不忍人之政。仁天下之法度

也。不爲之法度，則聖人之耳目心思止於聖人之身而已。不能徧天下與後世也。故聖人制爲法度以繼續之。使天下之爲方員平直正五音仁天下者皆取法焉。所謂不可勝用而仁覆天下也。本止言覆天下。今及後世者，舉大可以該遠也。能覆天下，必能及後世矣。百工之事皆聖人作，故規矩律音與不忍人之政作一統說耳。目言力，心言思者，耳目之視聽以力，而心之官則思也。○雙峯饒氏曰：惟天下不能常有聖人，所以要繼之以不忍人之政。繼字最有意味。不然仁政雖自聖人而始，亦自聖人而止矣。

故曰：爲高必因丘陵，爲下必因川澤。爲政不因先王之道，可謂智乎？

丘陵本高，川澤本下，爲高下者因之，則用力少而成功多矣。鄒氏曰：自章首至此，論以仁心仁聞行先王之道。

是以惟仁者宜在高位。不仁而在高位，是播其惡於衆也。

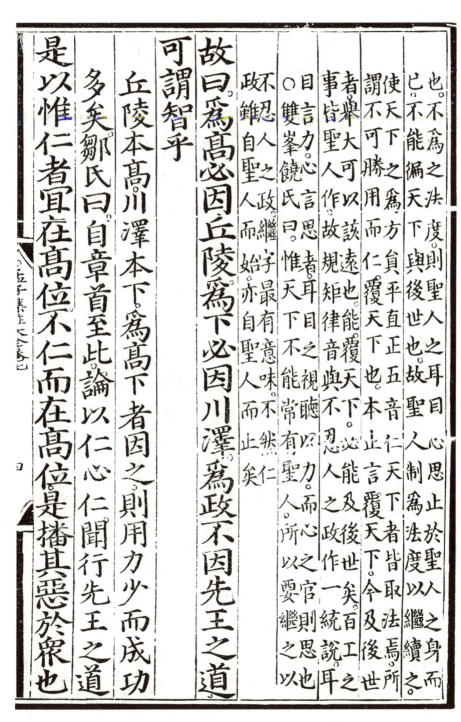

仁者有仁心仁聞而能擴而充之以行先王之道者也。貫前第二節意播惡於衆謂貽患於下也

上無道揆也下無法守也朝不信道工不信度君子犯義小人犯刑國之所存者幸也朝音潮

此言不仁而在高位之禍也。道義理也。揆度也。度音鐸下度量之度音同法制度也。道揆謂以義理度量事物而制其宜。法守謂以法度自守。工官也。度即法也。君子小人以位而言也。由上無道揆故下無法守。無道揆則朝不信道而君子犯義。無法守則工不信度而小人犯刑。有此六者其國必亡。其不亡者僥倖而已朱子曰。上無道揆則下無法守。雖有奉法守、

官者亦將不能用而去之矣。信道信度，信如憑信之信。此理只要人信得及，自然依那箇行，不敢踰越。惟其不信，所以妄作。如胥吏分明知得條法，只是冒法以爲姦，便是不信度也。

故曰：城郭不完，兵甲不多，非國之災也；田野不辟，貨財不聚，非國之害也。上無禮，下無學，賊民興，喪無日矣。辟與闢同。喪去聲。

上不知禮，則無以教民；下不學，則易去聲與爲亂。新安陳氏曰：小人學道則易使，若不學則不識道理，易於犯分而爲亂矣。鄒氏曰：自是以惟仁者至此，所以責其君。朱子曰：惟上無教，下無學，所以不好之人並起，居高位者孰進退黜陟之權，盡做出不好事來，則國之喪亡無日矣。其要只在於仁者宜在高位。所謂一正君而國定。○南軒張氏曰：三綱五常，人類所賴以生而國之所以爲國也。上失其禮，下廢其學，則綱常日以淪棄，國將何恃以立？民將何恃以生乎？然使禮廢於上而學猶傳於下，則庶幾斯道未泯而猶覬其可行也。上既無禮，下復無學，則邪說暴行

並作而國隨喪矣

詩曰天之方蹶無然泄泄蹶居衛反泄弋制反

詩大雅板之篇蹶顛覆之意泄泄怠緩悅從之貌言天欲顛覆周室群臣無得泄泄然不急救正之

泄泄猶沓沓也沓徒合反

沓沓即泄泄之意蓋孟子時人語如此

事君無義進退無禮言則非先王之道者猶沓沓也

非詆毀也詆典禮反

故曰責難於君謂之恭陳善閉邪謂之敬吾君不能謂之賊

范氏曰。人臣以難事責於君。使其君爲堯舜之君者。尊君之大也。開陳善道以禁閉君之邪心。唯恐其君或陷於有過之地者。敬君之至也。朱子曰。恭與敬。大槩也一般。只是恭意思較闊大。敬意思較細密。責難之恭。是先立箇大志。以帝王之道爲必可信必可行。陳善閉邪。即是做那責難底工夫。○問所謂陳善閉邪者。李向曰。君有邪心。所當閉也。然不知所以閉之之道。而逆閉之。則動有矯拂之患。其言不可得而入矣。故必爲之開陳善道。使之曉然知善道之所在。則所謂邪者亦不難乎閉之矣。孟子與時君論事多類此。其自謂敬王。豈虛語哉。○雙峯饒氏曰。恭有對敬言者。有即是敬者。如中庸篤恭。書允恭之類。恭即是敬也。

謂其君不能行善道而不以告者。賊害其君之甚也。

問人臣固當望君以堯舜。若度其君不足與爲善而不之告。或謂君爲中才可以致小康而不足以致大治。或導之以功利而不輔之以仁義。此皆是賊其君否。朱子曰。然。人臣之道。但當以極等之事望其君。責以十分。只做得二三分。若只責以二三分。少間做不得一分矣。若論才質之優劣。志趣之高下。固有不同。然吾所以導之者。則不可問其才智之高下優劣。但當以堯舜之道望他。豈可謂吾君不能而遂不以此望之哉 鄒氏曰。自詩云天之方蹶至此。所以責其臣○鄒氏曰。此章言爲治去聲者當有仁心仁聞以行先王之政。而君臣又當各任其責也 南軒張氏曰。此章之意。欲人君推是心以行仁政。而其終則欲人臣知禮義而法先王。蓋言不可以不學也。人臣知學而後人主聞大道。人主聞大道而後王政可行焉。此孟子之意也○慶源輔氏曰。爲治者固當以仁心仁聞而行先王之政。然非君臣同心各任其責。則亦安能有成哉○雲峯胡氏曰。君當盡君之責而莫先於仁。臣當盡臣之責而莫先於敬

○孟子曰。規矩。方員之至也。聖人。人倫之至也

至。極也。人倫。說見形甸反前篇。規矩盡所以爲方員之理。

猶聖人盡所以爲人之道

欲爲君盡君道。欲爲臣盡臣道。二者皆法堯舜而已矣。不以舜之所以事堯事君。不敬其君者也。不以堯之所以治民治民。賊其民者也

法堯舜以盡君臣之道。猶用規矩以盡方員之極。此孟子所以道性善而稱堯舜也 朱子曰。規矩是方員之極。聖人是人倫之極。蓋規矩便盡得方員。聖人便盡得人倫。故物之方員者有未盡處。以規矩爲之便見。於人倫有未盡處。以聖人觀之便見。惟聖人都盡。無一毫之不盡。故爲人倫之至。○堯所以治民。舜所以事君。觀二典大槩可見。是事事做得盡○人之生也。均有是性。故均有是倫。均有是倫。故均有是道。然惟聖人能盡其性。故爲人倫之至。而所由莫不盡其道焉。此堯舜之爲君臣所以各盡其道而爲萬世之法。猶規矩之盡夫方員而天下之爲方員者莫不出

乎此也○南軒張氏曰堯舜盡君臣之道非有所增益也無所虧焉耳後之人以堯舜爲不可及是自誣其性者也不以舜所以事堯事君蓋不以厥后爲可聖是誣其君也不以堯所以治民治民蓋不以斯民爲有恒性是誣其民也○雙峯饒氏曰人倫不說父子夫婦長幼朋友而獨舉堯舜君臣做人倫樣子者其意在當時人君○新安陳氏曰君臣之倫於人倫爲尤大所以宗主綱維彼四倫者也孟子以堯舜盡君臣之倫責望世之爲君臣者取法之正以人性皆善而皆可以爲堯舜故也

孔子曰道二仁與不仁而已矣

法堯舜則盡君臣之道而仁矣不法堯舜則慢君賊民而不仁矣二端之外更無他道解而已矣三字出乎此則入乎彼矣可不謹哉問不仁何以亦曰道朱子曰譬如說有大路有小路何疑之有○慶源輔氏曰仁與不仁只是一箇天理與人欲而已纔出天理便入人欲豈復更有他道哉此古之聖賢所以兢兢業業而

不敢不謹也

暴其民甚，則身弒國亡；不甚，則身危國削。名之曰幽厲，雖孝子慈孫，百世不能改也。

幽，暗。厲，虐。皆惡諡也。苟得其實，則雖有孝子慈孫愛其祖考之甚者，亦不得廢公義而改之。言不仁之禍必至於此，可懼之甚也。南軒張氏曰：如堯舜之爲，是由仁之道者也。如幽厲之爲，是由不仁之道者也。人君可不審擇其所由哉。○慶源輔氏曰：不仁有淺深，而其禍有大小。以幽厲視桀紂，則幽厲雖未至於身弒國亡，然死蒙惡諡，遺臭後來，孝子慈孫欲改不可。不仁之禍馴至如此，豈不可懼之甚哉。○雙峯饒氏曰：改，是要改其惡諡。古人諡法最公，後世亡國之君皆得美諡，公義廢矣。

詩云：殷鑒不遠，在夏后之世。此之謂也。

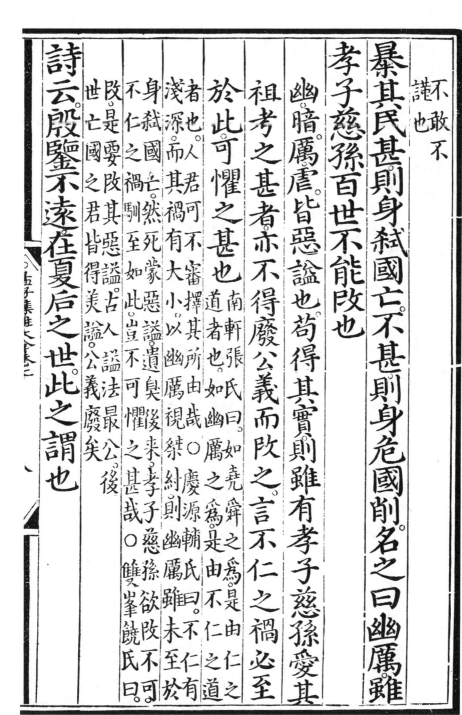

詩。大雅蕩之篇。言商紂之所當鑒者近在夏桀之世。而孟子引之。又欲後人以幽厲爲鑒也新安陳氏曰。此章欲人法堯舜而仁戒人如幽厲之不仁。遏人欲擴天理也

○孟子曰。三代之得天下也以仁。其失天下也以不仁

三代。謂夏商周也。禹湯文武以仁得之。桀紂幽厲以不仁失之

國之所以廢興存亡者亦然

國。謂諸侯之國。興存以仁。廢亡以不仁

天子不仁。不保四海。諸侯不仁。不保社稷。卿大夫不仁。不保宗廟。士庶人不仁。不保四體

言必死亡〔新安陳氏曰。不保四海以下。皆不免於死亡。非特不保四體者爲然〕

今惡死亡而樂不仁。是猶惡醉而强酒〔惡去聲樂音洛强上聲〕

此承上章之意而推言之也〔慶源輔氏曰。上章第言道二仁與不仁。與桀紂幽厲之事而已。此章又因其意而推及於諸侯卿大夫士庶人不仁之禍。皆必至之理也。○西山眞氏曰。此章明白峻厲。自天子至庶人皆當佩服。然所謂不仁者非他。縱人欲以滅天理而已。人欲縱而天理滅。禍至於此。可不畏哉○雙峯饒氏曰。社稷宗廟以祭言。四海以土言。四體以身言○新安陳氏曰。此承上章不仁則身弑國亡而推言之。即前篇惡辱而居不仁之意。又曰。戒人不仁。是亦遏人欲存天理也〕

○孟子曰。愛人不親反其仁。治人不治反其智。禮人不答反其敬〔治人之治平聲不治之治去聲〕

我愛人而人不親我。則反求諸己。恐我之仁未至也。智

敬放上聲此

行有不得者皆反求諸己其身正而天下歸之

不得謂不得其所欲如不親不治不答是也反求諸己謂反其仁反其智反其敬也如此則自治益詳而身無不正矣詳字貼皆字不止上文三自反而已天下歸之極言其效也南軒張氏曰反身則天理明不能則人欲肆○慶源輔氏曰自治詳則身無不正身無不正則天下無不歸雖極言其效是亦必然之理也○新安陳氏曰是亦遏人欲擴天理也

詩云永言配命自求多福

解見形甸反前篇○亦承上章而言慶源輔氏曰爲治本乎自反多福本乎自求○雙峯饒氏曰上面三句包括未盡所以下面又說皆當反諸己添箇皆字凡有行不得所欲者必自反諸

身。則我之身無不正。天下亦歸之矣。皆字說得闊。不特說上面三者而已。永言配命。是常常思量要合理。永是無間斷之意。此章補前章意。前章說大綱。此章說得密。○新安陳氏曰。承上章得天下。以仁而言。因言仁而及智與禮。仁包智禮也

○孟子曰。人有恒言。皆曰天下國家。天下之本在國。國之本在家。家之本在身。恒胡登反

恒。常也。雖常言之。而未必知其言之有序也。故推言之。而又以家本乎身也。本於身。乃恒言之所未及。此亦承上章而推言之。大學所謂自天子至於庶人。壹是皆以脩身為本。為去聲是故也。慶源輔氏曰。人之常言。雖曰有序。而但及其外。君子之論。則必究其本而無有或遺。得其本。則末可舉矣。以是而質於大學之言。則曾子子思孟子相傳之學。不可誣矣。○雙峯饒氏曰。國。王畿之內。天

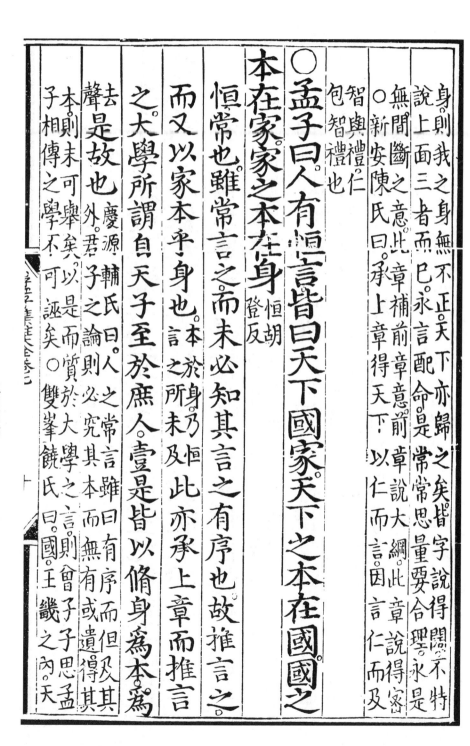

子所治。天下四方諸侯之國。天下取則於國。國取則於家。家取則於身。○新安陳氏曰。此章承上章身正而天下歸之意。孟子祖大學而言之。曾子以大學傳子思。子思以傳孟子。可見矣

○孟子曰。爲政不難。不得罪於巨室。巨室之所慕。一國慕之。一國之所慕。天下慕之。故沛然德教溢乎四海

巨室。世臣大家也。得罪。謂身不正而取怨怒也。雙峯饒氏曰。集註世臣大家是兩項。世臣非一代之臣。大家是貴官之家。○潛室陳氏曰。得罪謂非理致怨。所謂不得罪者謂合正理而不致怨於人。非曲法以奉之也。麥丘邑人祝齊桓公曰。願主君無得罪於群臣百姓。意蓋如此。劉向新序雜事篇。桓公田至於麥丘。見麥丘邑人。問年幾何。對曰。八十有三矣。公曰。美哉壽乎。子其以子壽祝寡人。麥丘邑人祝主君。使主君甚壽。金玉是賤。人爲寶。公曰。善哉。至德不孤。善言必再。吾子復之。曰。祝主君。使主君無羞學。無惡下問。賢者在傍。諫者得人。公曰。善

哉。至德不孤。善言必三。吾子復之。曰。祝主君。使主君無得罪於群臣百姓。公怫然作色曰。吾聞之。子得罪於父。臣得罪於君。未聞君得罪於臣也。麥丘邑人拜而起曰。子得罪於父。可以因姑姊妹叔父而解之。父能赦之。臣得罪於君。可以因便嬖左右而謝之。君能赦之。昔桀得罪於湯。紂得罪於武王。此則君之得罪於臣者也。莫爲謝。至今得罪。公曰。善。扶而載之。自御以歸。禮之於朝。封之以麥丘而斷政焉慕尚也。心悅誠服之謂也。沛然盛大流行之貌。溢充滿也。蓋巨室之心難以力服。而國人素所取信。今既悅服。則國人皆服。而吾德教之所施。可以無遠而不至矣。此亦承上章而言。承上章家之本在身蓋君子不患人心之不服。而患吾身之不脩。吾身既脩。則人心之難服者先服。而無一人之不服矣

○林氏曰。戰國之世。諸侯失德。巨室擅權。如晉六卿魯三桓等爲

患甚矣。然或者不脩其本而遽欲勝之。則未必能勝而
適以取禍。故孟子推本而言。惟務脩德以服其心。彼既
悅服。則吾之德教無所留礙（牛代反）可以及乎天下矣。裴
度所謂韓洪（本名弘。在宋避諱。以洪字代之）輿疾討賊。承宗斂手削地。
非朝（音潮）廷之力能制其死命。特以處（上聲）置得宜。能服其
心故爾。政此類也。唐書皇甫鎛傳（鎛。音博）爲司農卿。判度支。戶部侍郎。憲宗方伐蔡。急於
用度。鎛裒會嚴亟以辦濟師。帝悅。進兼御史大夫。蔡平
之明年。遂拜同中書門下平章事。猶領度支。鎛以吏道
進。既由聚斂句剝爲宰相。至雖市道皆嗤之。崔群裴度
以聞。帝怒不聽。度乃表罷政事。極語鎛姦邪苛刻。天下
怨之。將食其肉。且言天下安否繫朝廷。朝廷輕重在輔
相。今承宗斂手削地。韓弘輿疾討賊。非力能制之。顧朝
廷處置能服其心也。若相鎛。則四方解矣。請授以浙西
觀察使。其辭切至。上不聽。○王承宗邊鎮王士眞之子

拒命以常山叛。朝廷歇兵。布衣柏耆杖策詣淮西行營謁裴度。且言願得天子一節馳入鎮。可掉舌下之。度爲言。乃以左拾遺往。既至。以大誼動承宗。泣下。乃與獻德棣二州。以二子入質。上從之。○韓弘滑州人。憲宗方用兵淮西。拜淮西諸軍行營都統使。抒兩河。而令李光顔烏重胤擊賊。弘不親屯。遣子公武領兵二千屬光顔。吳元濟既平。以功加兼侍中。封許國公。入朝。再拜司徒中書令。以足疾。命中人掖拜。固願留京師。帝從之。○慶源輔氏曰。此承上章家之本在身而言也。君人者不正其身。所爲乖戾。則致人怨怒。其勢必自世臣大家始。故麥丘邑人之言亦先及群臣而後及百姓也

○孟子曰。天下有道。小德役大德。小賢役大賢。天下無道。小役大。弱役強。斯二者天也。順天者存。逆天者亡

有道之世。人皆脩德。而位必稱去聲其德之大小。天下無道。人不脩德。則但以力相役而已。新安陳氏曰。小德小賢者居小位。大德大

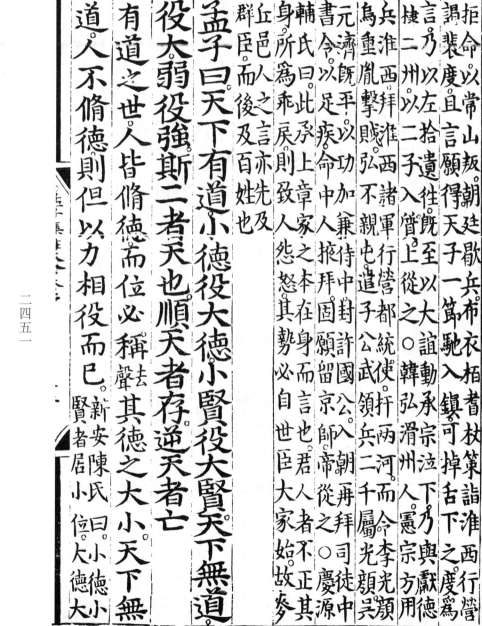

賢者居大位。位與德相稱。是上之人處之各當。故小德小賢見役於大德大賢。有道之世惟德是視也。若力之小弱見役於力之強大。無道之世惟力是視耳。**天者。理勢之當然也。**問天下無道小役大弱役強亦曰天。何也。朱子曰。到那時不得不然。亦是理當如此。○慶源輔氏曰。天下有道則以德爲大小。無道則以力爲強弱。二者皆理勢之所當然也。順其理勢則存。逆其理勢則亡。必然之理也。○雙峯饒氏曰。小德大德小賢大賢以理言。小大強弱以勢言。蓋天下有理有氣。就事上說。氣便是勢。纔到勢之當然處。便非人之所能爲。即是天了。又曰。賢兼才德。以政事言也。雖曰時勢如此。然有大德者便能回天。便勝這勢。如文王自小至大。由百里而三分有二。不爲紂所役。此可以見德足以勝時勢處。○雲峯胡氏曰。集註嘗以天爲理之自然。此以天爲理勢之當然者。彼則純以天理言。此則兼以人事言也。

齊景公曰。既不能令。又不受命。是絕物也。涕出而女於吳。

女去聲

引此以言小役大弱役強之事也。令。出令以使人也。受命。聽命於人也。物。猶人也。女。以女如字與人也。吴。蠻夷之國也。景公羞與爲昏而畏其強。故涕泣而以女與之。慶源輔氏曰。既不能強於自治以昌其國而出令以使人。又不能因時勢之宜屈己自下以聽人之命。是與物睽絶也。絶物則絶於天矣。景公之言宜若可取。然景公之齊即桓公覇諸侯之齊。雖時勢下衰。苟振起作新之。獨不在我乎。而顧爲是巽言橫涕。孟子姑取其説以證小役大弱役強之事。其萎薾自棄之罪未暇議也。○汪氏曰。當有道而順天爲有義。當無道而順天爲有命。絶物即是逆天。齊景畏天者也。畏天猶保其國

今也小國師大國而恥受命焉。是猶弟子而恥受命於先師也。

言小國不脩德以自強。其般音盤樂怠敖去聲皆若效大國

之所爲者而獨恥受其教命不可得也

如恥之莫若師文王師文王大國五年小國七年必爲政於天下矣

此因其愧恥之心而勉以脩德也文王之政布在方策舉而行之所謂師文王也五年七年以其所乘之勢不同爲差楚宜反○慶源輔氏曰所乘之勢指國之大小而言也蓋天下雖無道然脩德之至則道自我行而大國反爲吾役矣新安陳氏曰不師大國而師文王大國所乘之勢稍易小國所乘之勢稍難五七年之餘人心奮氣勢田而小可大弱可強大國反爲吾役矣程子曰五年七年聖人度待洛反其時則可矣然凡此類學者皆當思其作爲如何乃有益耳慶源輔氏曰程子之言所

以啓發學者至矣。惟聖人能知時。故曰聖人庶幾其時可矣。學者燭理既明而經歷之久。思慮之深。則自然見得

詩云。商之孫子。其麗不億。上帝既命。侯于周服。侯服于周。天命靡常。殷士膚敏。祼將于京。孔子曰。仁不可為眾也。夫國君好仁。天下無敵。祼音灌。夫音扶。好去聲。

詩大雅文王之篇。孟子引此詩及孔子之言。以言文王之事。麗。數也。十萬曰億。侯。維也。助語辭。商士。商孫子之臣也。膚。大也。敏。達也。祼。宗廟之祭。以鬱紆勿反鬯丑亮反之酒灌地而降神也。新安倪氏曰。周禮有秬鬯有鬱鬯。以秬米為酒。名秬鬯。將祭。則築鬱金香草煮之以和鬯。酒名鬱鬯。灌乃用之。取其芬香旁達以降神。鬯者。以其條鬯也。將。助也。言商之孫子眾多。其數不但十萬而已。上帝既命周以天下。則凡

此商之孫子皆臣服于周矣。所以然者，以天命不常，歸于有德故也。是以商士之膚大而敏達者，皆執祼獻之禮，助王祭事于周之京師也。西山真氏曰：以商之孫子而爲周之諸侯，以商之美士而奔走周廟之祭，天命何常之有哉。成湯惟其仁也，故天命歸于商；紂惟其不仁，故天命轉而歸周。孔子因讀此詩而言有仁者，則雖有十萬之衆不能當之。故國君好仁，則必無敵於天下也。不可爲衆，猶所謂難爲兄難爲弟云爾。世說德行篇：後漢陳元方名紀，子長文名羣，有英才，與季方名諶，元方之弟也。子孝先名忠，各論父功德，爭之不能決，諮於太丘。太丘名寔，昔除太丘長，乃長文、孝先之祖父也。太丘曰：元方難其兄，季方難其弟。○朱子曰：兄賢難做他弟，弟賢難做他兄。仁者無敵，難做衆去抵當他。

今也欲無敵於天下而不以仁，是猶執熱而不以濯也。詩

云。誰能執熱逝不以濯

恥受命於大國是欲無敵於天下也。乃師大國而不師文王是不以仁也。詩大雅桑柔之篇。逝語辭也。言誰能執持熱物而不以水自濯其手乎○此章言不能自強。則聽天所命。脩德行仁則天命在我慶源輔氏曰。不能自強。則聽命于天而爲強大所役。使脩德行仁如文王。則與天爲一而小可大弱可強。昔之強大者反爲役於我矣。豈非天命之在我乎○新安陳氏曰。勢之強弱。亦天所命。不能自強。則聽命於天而爲強大所役。如齊景是也。脩德行仁。則道德足以勝勢力而天命在我。師文王而爲政於天下者是也

○孟子曰。不仁者可與言哉。安其危而利其菑。樂其所以亡者。不仁而可與言則何亡國敗家之有菑與灾同樂音洛

安其危利其菑者不知其爲危菑而反以爲安利也所以亡者謂荒暴淫虐所以致亡之道也不仁之人私欲固蔽失其本心故其顛倒錯亂至於如此所以不可告以忠言而卒至於敗亡也西山眞氏曰自古危亂之世未嘗無忠言祖伊嘗諫紂矣召穆公嘗諫厲王矣而二君不聽者蓋其心既不仁故顛倒迷繆以危爲安以菑爲利以取亡之道爲可樂也夫人君孰不欲安存而惡危亡而其反背若此者私欲蔽障而失其本心故爾○雙峯饒氏曰要在看樂其所以亡一句他只愛那淫荒暴虐所以取亡底事故雖危自以爲安雖菑自以爲利孟子此章說得利害大段甚分明

有孺子歌曰滄浪之水清兮可以濯我纓滄浪之水濁兮可以濯我足浪音郎

滄浪水名纓冠糸也新安倪氏曰漢水東爲滄浪之水見禹貢後魏酈道元云武當縣北四十里有洲曰滄浪洲水曰滄浪水是也

孔子曰小子聽之清斯濯纓濁斯濯足矣自取之也

言水之清濁有以自取之也聖人聲入心通無非至理此類可見慶源輔氏曰夫不仁之人則雖忠言至論無自而入聖人之仁則雖常言俗語聲入心通是亦莫非自取之也○新安陳氏曰此孔子所以爲耳順也

夫人必自侮然後人侮之家必自毀而後人毀之國必自伐而後人伐之夫音扶

所謂自取之者雙峯饒氏曰自侮是不自重適所以召人之侮

太甲曰天作孽猶可違自作孽不可活此之謂也

解見形甸反前篇○此章言心存則有以審夫音扶得失之幾平聲不存則無以辨於存亡之著。禍福之來皆其自取

慶源輔氏曰。人心存則仁。人心不存則不仁。得失之幾至微也。存亡之實至著也。安利樂得失之幾也。亡國敗家存亡之實也。禍福之來皆其自取。即所謂禍福無不自己求之者。此亦承上章而言。仁與不仁所取之不同也○新安陳氏曰。仁者心存則明哲。得失之幾微即能審察之。審侮毀伐之幾於自取之初是也。不仁者心不存則昏蔽。存亡之已著亦不能辨。安其危利其菑樂所以亡是也。心存者存天理。心不存者徇人欲也

○孟子曰。桀紂之失天下也。失其民也。失其民者。失其心也。得天下有道。得其民。斯得天下矣。得其民有道。得其心。斯得民矣。得其心有道。所欲與之聚之。所惡勿施爾也。惡去聲

民之所欲皆爲去聲致之如聚斂力驗反然。民之所惡則勿施於民。鼂音潮錯蒼故反所謂人情莫不欲壽三王生之而不傷。人情莫不欲富三王厚之而不困。人情莫不欲安三王扶之而不危。人情莫不欲逸。三王節其力而不盡。此漢文帝時鼂錯對賢良策語此類之謂也南軒張氏曰。所欲與聚非惟壽富安逸之遂其志用舍從違無不合其公願而後爲得也○四山眞氏曰。此章之要在所欲與聚所惡勿施一言

民之歸仁也猶水之就下。獸之走壙也。走音奏壙廣野也。言民之所以歸乎此。以其所欲之在乎此也新安陳氏曰。所欲與聚所惡勿施即所以仁民也。故民歸之

故爲淵敺魚者獺也。爲叢敺爵者鸇也。爲湯武敺民者桀

與紂也。爲去聲敺與驅同獺音闥爵與雀同鸇諸延反

淵。深水也。獺。食魚者也。叢。茂林也。鸇。食雀者也。言民之所以去此。以其所欲在彼而所畏在此也。新安陳氏曰。彼謂湯武此謂桀紂。如魚雀之可全生者在淵叢。而得免死於獺鸇也

今天下之君有好仁者。則諸侯皆爲之敺矣。雖欲無王。不可得已。好爲王皆去聲

南軒張氏曰。非利人之爲己敺也。特言其理之必然耳。循夫天理無利天下之心而天下歸之。此三王所以王也。假是道而亦以得天下者漢唐是也。故秦爲漢敺。隋爲唐敺。季世之君肆於民上。施施然自以爲安而不知其爲人敺。哀哉。○新安陳氏曰。好仁之君出。不仁者皆爲敺民以歸之

今之欲王者。猶七年之病求三年之艾也。苟爲不畜。終身

不得。苟不志於仁，終身憂辱，以陷於死亡。王去聲。

艾，草名，所以灸者。乾，音干。久益善。夫，音扶。病已深而欲求乾久之艾，固難卒倉沒反辦。然自今畜敕六反之，則猶或可及。不然，則病日益深，死日益迫，而艾終不可得矣。王氏曰：艾以久為善，不畜不足以活人之死；仁以久而熟，不積不足以拯國之危。○雲峯胡氏曰：三年之艾，不能畜之平日，而自今畜之，猶可也。是故為仁者，平日既無積久之功，今日不可無必為之志。

詩云：「其何能淑，載胥及溺。」此之謂也。

詩大雅桑柔之篇。淑，善也。載，則也。助語。胥，相也。言今之所為，其何能善，則相引以陷於亂亡而已。○慶源輔氏曰：至此則雖聖人亦末如之何矣。詳味引詩之言，則令人惕然警省，有不容自已者矣。○新安陳氏曰：此章綱領在一仁字。仁民之

要在所欲與衆所惡勿施能如是則可以謂之好仁而不仁者皆將毆民以歸之其王天下也孰禦

○孟子曰自暴者不可與有言也自棄者不可與有爲也言非禮義謂之自暴也吾身不能居仁由義謂之自棄也暴猶害也非猶毀也自害其身者不知禮義之爲美而非毀之雖與之言必不見信也自棄其身者猶知仁義之爲美但溺於怠惰自謂必不能行與之有爲必不能勉也程子曰人苟以善自治則無不可移者雖昏愚之至皆可漸子廉反磨而進也惟自暴者拒之以不信自棄者絕之以不爲雖聖人與居不能化而入也此所謂下愚之不移也朱子曰自暴者所言必非詆禮義說沒這道理是之謂暴戾我雖言而彼必不肯聽

是不足與言也。自棄者意氣卑弱。志趣凡陋。知有道理。甘心自絕以爲不能。我雖言仁義之美。彼此割斷了不肯做。是不足與有爲也。自暴者剛惡之所爲。自棄者柔惡之所爲。○言非禮義。以禮義爲非而拒之以不信。自暴。自賊害也。吾身不能居仁由義。自謂不能而絕之以不爲。自棄自棄絕也。

仁。人之安宅也。義。人之正路也。

仁宅已見形甸反前篇。義者宜也。乃天理之當行。無人欲之邪曲。故曰正路。

曠安宅而弗居。舍正路而不由。哀哉。舍上聲

曠。空也。由。行也。○此章言道本固有而人自絕之。是可哀也。此聖賢之深戒學者所當猛省悉井反也。朱子曰。曠其安宅。則必放僻邪侈而安其所不可安之居矣。舍其正路。則必行險僥倖而由其所不可由之塗矣。安宅正路。人皆有

之。而自暴自棄以至於此。是可哀也○南軒張氏曰。仁言安宅者。謂其安而可處也。義言正路者。謂其正而可遵也。是二者。性之所有也。曠之舍之以自絶其天性。不亦可哀乎○雙峯饒氏曰。前面說自暴自棄兩等人。後面說不居不由又只指自棄者言之。何也。蓋非毀禮義之人。已不可教誨矣。那不能爲底。只是爲之不勇耳。尚知得可居可由。猶爲可教。所以孟子只說此一項。自歎息那自棄之人有安宅而不居有正路而不由。是可哀也○新安陳氏曰。哀哉二字。當令人發深省。夫自暴者非詆天理。既不可與言。故絶望之。自棄者猶知天理之爲美。特甘於不能。故以本有者開示之。復哀憫以警聳之。猶致望之之意焉。此學者所以不可不猛省也

○孟子曰。道在爾而求諸遠。事在易而求諸難。人人親其親。長其長。而天下平。邇爾古字通用易去聲長上聲

親長在人爲甚邇。親之長之在人爲甚易。而道初不外是也。舍上聲此而他求。則遠且難而反失之。但人人各親

其親各長其長則天下自平矣南軒張氏曰使人各親其親各長其長其本在人君親其親長其長以倡率之而已親親仁也長長義也仁義本之躬而達之天下豈非道之邇者乎天下所以平者實係乎此豈非事之易者乎味此數語堯舜三王之治可得而推矣○雲峯胡氏曰此道字是天理之自然此事字是人爲之當然

○孟子曰居下位而不獲於上民不可得而治也獲於上有道不信於友弗獲於上矣信於友有道事親弗悅弗信於友矣悅親有道反身不誠不悅於親矣誠身有道不明乎善不誠其身矣

獲於上得其上之信任也誠實也反身不誠反求諸身而其所以爲善之心有不實也不明乎善不能即事窮

理無以眞知善之所在也。朱子曰。反身而誠。見其本具是理而今不曾虧欠了他底○問反諸身不誠。曰。反諸身是反求於心。不誠是不曾實有此心。如事親以孝。須是實有這孝之心。若外面假爲孝之事。裏面却無孝之心。便是不誠矣。○獲上信友等皆以有道言。蓋有不由其道以求之者矣。若諛悅苟容以求獲乎上。便佞詭隨以求信乎友。阿意曲從以求悅乎親。眞行助長以求誠其身。皆是也。所謂誠身。能實踐其所明之善而有諸身之謂。○慶源輔氏曰。人孰無爲善之心。然隱微之際有一毫自欺之意。則其心便不實矣。人孰不知善之可爲。然不能即夫事以窮其理而推極吾之知識。則所知者或未必眞矣游氏曰

欲誠其意先致其知。不明乎善。不誠其身矣。新安倪氏曰。引大學以證此章。致知即所以明善也。但誠意則以自脩之始言。誠身則以自脩之成言。誠意正心脩身皆該於誠身二字中矣學至於誠身則安往而不致其極哉。以內則順乎親。以外則信乎友。以上則可以得君。以下則可以得民

矣慶源輔氏曰游氏之說始則大學之次序終則中庸之極功也

是故誠者天之道也思誠者人之道也

誠者理之在我者皆實而無僞天道之本然也思誠者欲此理之在我者皆實而無僞人道之當然也問思誠莫須明善否朱子曰明善自是明善思誠自是思誠明善是格物致知思誠是毋自欺謹獨明善固所以思誠而思誠上面又更有工夫在誠者都是實理了思誠者恐有下實處便思去實他誠者天之道天無不實寒便是寒暑便是暑更不待使他恁地聖人仁便眞箇是仁義便眞箇是義更無不實處常人說仁時恐猶有不仁處說義時恐猶有不義處便須着思有以實之始得○慶源輔氏曰維天之命於穆不已至誠之理天道之本然也審思明辨自强不息思誠之事人道之當然也

至誠而不動者未之有也不誠未有能動者也

至極也楊氏曰動便是驗處若獲乎上信乎友悅於親之類是也慶源輔氏曰有感必有應驗便是應處極其誠則合內外平物我感與應皆非自外也此其所以無有不動也○雙峯饒氏曰人要爲君取信必須朋友稱譽薦進然朋友所以稱譽必能脩身齊家方有可稱者若是不說於親則何可稱之有能說親必出於誠心乃可這是推原誠身效驗如此若說誠身工夫則無間於事親取友事君治民之際誠到至處自能動物則以之事親而親悅以之取友而友信以之事君而君用以之治民而民從初無先後之分矣○此章述中庸孔子之言見思誠爲脩身之本而明善又爲思誠之本雲峯胡氏曰此所謂思誠即中庸所謂誠之其工夫皆兼知行而言思誠者脩身之本是脩身以知行爲先明善又爲思誠之本是知行之中又當以知爲先也乃子思所聞於曾子而孟子所受乎子思者覺軒蔡氏曰子思以誠之言人之道而孟子易之以思誠子思言形著動變而孟子止於動者以思出於心於學者

用功尤爲有力。而動者正指上文獲上信友悅親而言也亦與大學相表裏。學者宜潛心焉大學章句曰。其第五章乃明善之要。第六章乃誠身之本。○慶源輔氏曰。明善者。大學之本。誠身者。中庸之要。於此可見中庸大學之相爲表裏。曾子子思孟子之相爲授受者。益不可誣矣

○孟子曰。伯夷辟紂。居北海之濱。聞文王作興。曰。盍歸乎來。吾聞西伯善養老者。太公辟紂。居東海之濱。聞文王作興。曰。盍歸乎來。吾聞西伯善養老者辟去聲

作興。皆起也。言文王起而爲方伯盍。何不也。西伯。即文王也。紂命爲西方諸侯之長。上聲得專征伐。故稱西伯。太公。姜姓。呂氏。名尚。史記齊世家。太公望呂尚者。東海人。其先祖嘗爲四嶽。佐禹平水土。甚有功。虞夏之際。封於呂。或封於申。姓姜氏。夏商之時。申呂或封支庶子孫。或爲庶人。尚其後苗裔也。本姓姜氏。從其封姓。故曰呂尚。西

伯出獵遇於渭之陽曰自吾先君太公望子久矣故號之曰太公望文王發政必先鰥寡孤獨庶人之老皆無凍餒故伯夷太公來就其養非求仕也慶源輔氏曰恐人見太公後來佐武王伐商遂以其來也為有求仕之意故明辨之太公之初歸周無是意也觀孟子以太公與伯夷並言亦自可見

二老者天下之大老也而歸之是天下之父歸之也天下之父歸之其子焉往焉於虔反

二老伯夷太公也大老言非常人之老者天下之父言齒德皆尊如衆父然既得其心則天下之心不能外矣南軒張氏曰張良歸漢項氏以亡孔明在蜀炎綱幾振亦庶幾為當時之老者其所繫輕重固如此○慶源輔氏曰衆父二字出老子集註借用之其義則謂衆人之父爾○雙峯饒氏曰既有齒又有德故謂之大老若常

人則是年老而已

蕭何所謂養民致賢以圖天下者，其意暗與此合。通鑑：漢高帝元年二月，項羽立沛公即高祖爲漢王，王巴蜀漢中，都南鄭，而分關中王秦降將章邯等三人以距漢路。漢王怒，欲攻項羽，周勃、灌嬰、樊噲皆勸之。蕭何諫曰：「雖王漢中之惡，不猶愈於死乎？能詘與屈同於一人之下而信伸同於萬乘之上者，湯武是也。臣願大王王漢中，養其民以致賢人，收用巴蜀，還定三秦，天下可圖也。」但其意則有公私之辨，學者又不可不察也。慶源輔氏曰：蕭何之說，是欲爲此以圖天下，有爲而爲，所謂私也。文王之爲此，則初無所爲也，行吾義而已，所謂公也。二老之歸，乃其自然之應爾。

諸侯有行文王之政者，七年之內，必爲政於天下矣。

七年，以小國而言也。大國五年，在其中矣。

〇孟子曰：求也爲季氏宰，無能改於其德，而賦粟倍他日。

孔子曰求非我徒也小子鳴鼓而攻之可也

求孔子弟子冉求季氏魯卿宰家臣賦猶取也取民之粟倍於他日也小子弟子也鳴鼓而攻之聲其罪而責之也

由此觀之君不行仁政而富之皆棄於孔子者也況於爲之强戰爭地以戰殺人盈野爭城以戰殺人盈城此所謂率土地而食人肉罪不容於死爲去聲

林氏曰富其君者奪民之財耳而夫子猶惡去聲之況爲去聲土地之故而殺人使其肝腦塗地則是率土地而食人之肉其罪之大雖至於死猶不足以容之也范氏曰天地大

德曰生。聖人所以守位曰仁。孔子曰。斷一木殺一獸不以其時。非孝也。草木鳥獸殺之不以時則逆天地之理。猶爲不孝。况於人命可不重哉。○和靖尹氏曰。湯武之征。以正伐不正。救民於塗炭也。戰國之戰。以亂益亂殘民耳。而求富之。爲之强戰。是何異於助桀而富桀也。○慶源輔氏曰。率猶循也。由也。率土地而食人肉。謂以土地之故殺人而使之肝腦塗地。則是由土地而食人之肉也。其罪之大雖至於死猶不足以容之。言罪大而刑小。如所謂死有餘辜也

故善戰者服上刑。連諸侯者次之。辟草萊任土地者次之

辟與闢同

善戰。如孫臏音牝。齊威王臣。吳起衛人。爲魏文侯將之徒。連結諸侯。如蘇秦洛陽人張儀衛人之類。辟。開墾口本反也。任土地。謂分土授民使任耕稼之責。如李悝枯回反盡地力。商鞅央兩反以開

阡陌之類也。前漢食貨志。戰國時李悝爲魏文侯作盡地力之教。以爲地方百里。提封九萬頃。除山澤邑居參分去一。爲田六百萬畮。治田勤謹則畮益三升。服虔曰。與之三升也。臣瓚曰。當言三斗。謂治田勤則畮加三斗也。不勤則損亦如之。地方百里之增減。輒爲粟八百十萬石矣。又曰。糴甚貴傷民。謂士工商也。甚賤傷農。民傷則離散。農傷則國貧。故甚貴與甚賤。其傷一也。善爲國者。使民無傷而農益勸。今一夫挾五口。治田百畮。歲收畮一石半。爲粟百五十石。除十一之稅十五石。餘百三十五石。食人月一石半。五人終歲爲粟九十石。餘有四十五石。石三十。爲錢千三百五十。除社閭嘗新春秋之祠。用錢三百。餘千五十。衣人率用錢三百。五人終歲用千五百。不足四百五十。不幸疾病死喪之費及上賦斂。又未與此。此農夫所以常困。有不勸耕之心。而令糴至於甚貴者也。善平糴者。必謹觀歲有上中下熟。大熟則上糴三而舍一。中熟則糴二。下熟則糴一。使民適足。價平而止。小飢則發小熟之所藏。中飢則發中熟之所藏。上飢則發上熟之所藏。雖遇飢饉水旱。糴不貴而民不散。○通鑑。周顯王十九年。秦孝公十二年也。秦商鞅令民父子兄弟同室內息者爲禁。并諸小鄉聚集爲一縣。縣置令丞。廢井田。開阡陌。路南北曰阡。東西曰陌。平斗甬權衡丈尺。○問如李悝盡地力。不過亦教民而已。孟子何以謂任土地者亦次於刑。朱子曰。只爲他是欲富國。不是欲爲民。但强占地開墾將去。欲爲己物耳。皆爲君聚斂之徒也。○阡陌便是井田一横一直。如遂上有涂。這便是陌。澮上有路。這便是阡。自阡陌之外有地則只閑在那裏。先王所以如此者。乃是要正經界。恐人相侵占。今商鞅却破開了。遇可做田處便做田。更不要整齊。這開字非開創之開。乃開闢之開。蔡澤傳曰。破壞井田。决裂阡陌。觀此可見。○南軒張氏曰。自當時言之。孰不以爲大功。而先王以爲大戮。治世之所誅。而時君之所賞。孟子之言及此。蓋正誼明道以遏人欲之横流也。○慶源輔氏曰。戰國之時。人君之所求與士之所以自任者。不過有此三等。故孟子因列之而言其罪以遏其流。雖是救時之言。然士而以此三者得名。則世德之衰可知矣

○孟子曰。存乎人者。莫良於眸子。眸子不能掩其惡。胸中正。則眸子瞭焉。胸中不正。則眸子眊焉。眸音牟。瞭音了。眊音耄。

良善也。眸子目瞳子也。瞭明也。眊者蒙蒙目不明之貌。盖人與物接之時。其神在目。故胷中正。則神精而明。不正。則神散而昏。慶源輔氏曰。心正。則安裕完固。故其神之見於目者精聚而明白。心不正。則驚惕掩覆。故神之見於目者渙散而昏暗。此其所謂不能掩者也。○自体察之可見。神若不在。則目雖見物。猶無見也。都不能有所識別矣

聽其言也。觀其眸子。人焉廋哉。焉於虔反。廋音搜

廋匿也。言亦心之所發。故并此以觀。則人之邪正不可匿矣。然言猶可以偽爲。眸子則有不容偽者。南軒張氏曰。聽其言而又參之以眸子。則無所遁矣。此言與孔子人焉廋哉之言同。而爲說則異。夫子之言。爲旋觀其人說。孟子之言。一一見而欲識其大綱也。若夫睟面盎背。施於四躰。四体不言而喻者。則望而知其爲德人。有不待考察者矣

學者讀此非獨可得觀人之法又當知撿身之要私心邪氣其可頃刻而有邪一萌諸中而昭昭然不可掩矣可不懼哉○西山眞氏曰目者精神之所發而言者心術之所形故審其言之邪正驗其目之明眛而人之賢否不可掩焉此觀人之一法也○勿軒熊氏曰孔子之觀人是觀乎其內孟子是觀乎其外二章互看君子小人之情狀不可逃矣○新安陳氏曰趙氏註目爲神候精之所在存而察之善惡不隱蓋以在察解存乎人之存字然以易繫辭存乎其人存乎德行之類觀之只輕輕說過不必訓爲察也

○孟子曰恭者不侮人儉者不奪人侮奪人之君惟恐不順焉惡得爲恭儉恭儉豈可以聲音笑貌爲哉惡平聲

惟恐不順言恐人之不順己聲音笑貌僞爲於外也雙峯饒氏曰孟子就侮人奪人上說見得非泛言恭儉亦是爲國君言之當時國君必有名爲恭儉者但無故而加兵於他人之國便是侮人無故而取人之土便是奪人安得謂之恭儉○雲峯胡氏曰孟子嘗言賢君必恭儉

禮下。取於民有制。盖惟恭者必禮下而不侮人。儉者必取民有制而不奪人。不侮者恭之驗。不奪者儉之驗。否則惟恐人不順己驕侈之欲耳。書曰。恭儉惟德。無載爾僞。不侮不奪者恭儉之實事。不以聲音笑貌爲者。恭儉之實德。有是實德。則有是實事。無恭儉之實德。則聲音笑貌載爾僞耳。天理人欲之分。誠實虛僞之判也。其亦擴天理而遏人欲與

○淳于髠曰。男女授受不親。禮與。孟子曰。禮也。曰。嫂溺則援之以手乎。曰。嫂溺不援。是豺狼也。男女授受不親。禮也。嫂溺援之以手者。權也。

淳于。姓。髠。名。齊之辯士。授。與也。受。取也。古禮男女不親授受。以遠去聲別必列反也。禮之經也。○禮記內則。男不言內。女不言外。非祭非喪。不相授器。其相授。則女授以篚。其無篚。則皆坐奠之而后取之。援。救之也。權。稱去聲錘直垂反

也。稱物輕重而往來以取中者也。此釋權字之義權而得中是乃禮也。朱子曰。事有緩急。理有大小。此等處皆須以權稱之○北溪陳氏曰。權字乃就稱錘上取義。稱錘之爲物。能權輕重以取平。故名曰權。權。變也。在衡有星兩之不齊。權便移來移去隨物以取平。亦猶人之用權度揆度事物以取其中相似。又曰。知中然後能權。由權然後得中。中者。理所當然而無過不及者也。權者。所以度事理而取其當然使無過不及者也○慶源輔氏曰。若是經禮更何須權。惟是那經禮有行不得處。故須用權以取中。權而得中。是乃禮也。若權而不得中。則陷乎漢儒權變權術之域矣。豈可謂之權乎○新安陳氏曰。此乃禮之權而不背乎經者也

曰。今天下溺矣。夫子之不援何也

言今天下大亂。民遭陷溺。亦當從權以援之。不可守先王之正道也

曰。天下溺援之以道。嫂溺援之以手。子欲手援天下乎

言天下溺。惟道可以捄與救同之。非若嫂溺可手援也。今子欲援天下。乃欲使我枉道求合。則先失其所以援之之具矣。是欲使我以手援天下乎。○此章言直己守道。所以濟時。枉道徇人。徒爲失己。朱子曰。古人所以捄世。以有道也。既自放倒矣。天下豈一手可援哉。○南軒張氏曰。不援受。固禮之經。嫂溺。則遭變矣。援以手者。遭變而處之之道當然也。不援則失道而陷於禽獸。然則其權也。豈非所以爲不失其經也與。髡因言孟子在今日。似當少貶其道。用權以救世。孟子謂天下之溺當援以道。若道先枉。則將何以援之。孟子之不少貶以求濟。是乃援溺之本。天下之大經也

○公孫丑曰。君子之不教子何也

不親教也

孟子曰。勢不行也。教者必以正。以正不行。繼之以怒。繼之以怒則反夷矣。夫子教我以正。夫子未出於正也。則是父子相夷也。父子相夷則惡矣

夷傷也。教子者。本爲去聲愛其子也。繼之以怒則反傷其子矣。父既傷其子。子之心又責其父曰。夫子教我以正道。而夫子之身未必自行正道。則是子又傷其父也

古者易子而教之

易子而教。所以全父子之恩。而亦不失其爲教。朱子曰。易子而教。考之孔子亦然。若孔子自教其子。則鯉所未學。必有以知之。又奚問焉。陳亢稱君子遠其子。亦可見也

父子之間不責善責善則離離則不祥莫大焉

責善朋友之道也龜山楊氏曰父子之間雖不責善豈不欲其爲善然必親教之其勢必至於責善○南軒張氏曰養恩於父子之際而以責善望之師仁之篤而義之行也○新安陳氏曰父子主恩朋友責善當主恩而行責善則傷恩而易至於離矣○王氏曰父有爭去聲下同子何也所謂爭者非責善也當不義則爭之而已矣父之於子也如何曰當不義則亦戒之而已矣慶源輔氏曰王氏最得孟子之正意責善謂責之使必爲善也責之使必爲善則便有使之捐其所能去其所劣之意故必至於相傷至其所爲或背理而害義則豈可坐視而不管故在子則當爭在父則亦當戒切之也○雙峯饒氏曰王荆公所謂爭則下氣怡聲和悅以爭之所謂戒亦訓敕之而已○新安陳氏曰父之於子正身率之以責善望師友固也然遇不賢之子不得已亦當自教戒之若懼傷恩而全不教戒及其不肖徒諉曰其子之賢不肖皆天也此所謂

慈而敗子矣。孟子之言。經也。此所云。權也。權以濟經。非反乎經也

○孟子曰。事孰爲大。事親爲大。守孰爲大。守身爲大。不失其身而能事其親者。吾聞之矣。失其身而能事其親者。吾未之聞也

守身持守其身。使不陷於不義也。一失其身。則虧體辱親。雖日用三牲之養。去聲亦不足以爲孝矣。新安陳氏曰。初言事君事長。皆事也。事親爲事之大。守國守官。皆守也。守身爲守之大。二者分開平說。繼言不失身則能事親。二貫爲一。分重輕說。不失其身。即是守身。能守身。方能事親。此與前章悅親在於誠身同意

孰不爲事。事親事之本也。孰不爲守。守身守之本也

事親孝。則忠可移於君。順可移於長。上聲○新安陳氏曰。此事親所以爲

事之本身正則家齊國治去聲而天下平新安陳氏曰。此守身所以爲守之本

○事之本。守之本。照應章首四句。分二者平說。惟其爲本。所以見其爲大

曾子養曾晳。必有酒肉。將徹。必請所與。問有餘。必曰有。曾晳死。曾元養曾子。必有酒肉。將徹。不請所與。問有餘。曰亡矣。將以復進也。此所謂養口體者也。若曾子。則可謂養志也養去聲復扶又反

此承上文事親言之。曾晳。名點。曾子父也。曾元。曾子子也。曾子養其父。每食必有酒肉。食畢將徹去。必請於父曰。此餘者與誰。或父問此物尚有餘否。必曰有。恐親意更欲與人也。曾元不請所與。雖有言無。其意將以復進

於親不欲其與人也。此但能養父母之口體而已。曾子則能承順父母之志而不忍傷之也

南軒張氏曰。守身。所以事親也。身失其道。將何以事親。反復言之。欲人以守身爲事親之本也。若曾子者可謂能盡守身事親之道者矣。故舉其養志之事以爲人子之法。○慶源輔氏曰。養父母之口軆者其事淺。承順父母之心志者其思深。夫子之於父母。異軆同氣至親至密。故事之者。當先意承事。必能聽於無聲視於無形。然後爲至。若必待其言而後從。固已不可。況於先立其意以拂其親之欲。唯口軆是養而不恤其心志之虧乎。○雙峯饒氏曰。曾子養志。是承順他好底意思。曾晳不私其口軆之奉。常有及物之心。這便是好底意思。曾子便能承順他。蓋緣曾子意思亦是如此。曾元便不然矣。孟子舉此有酒肉以爲養親之法。凡有好底意思。皆要承順而推廣之。若是不好底意思則不當承順。要喻之使合於道。方謂之孝。孟子舉曾子曾元作兩箇例頭。是事親者須是養志。若養口軆末也。○新安陳氏曰。此章前以守身爲事親之本。所以論其理。及後實之以事。則惟舉曾子之事親而守身不及焉。雖曾子

之戰兢臨履得正而斃尤善守身而辭未之及集註於此一節只曰此承上文事親言之然觀曾子養志如此惟恐一毫咈其親之志欲子之不失其身尤父之志之大者一飲食間尚體承親志如此則立身行己間所謂身也者親之枝也行父母之遺體敢不敬乎其能謹守此身以承親志不言可知矣南軒謂曾子能盡守身事親之道故舉其養志之事者最爲得之云

事親若曾子者可也

言當如曾子之養志不可如曾元但養口體程子曰子之身所能爲者皆所當爲無過分去聲之事也故事親若曾子可謂至矣而孟子止曰可也豈以曾子之孝爲有餘哉程子曰孟子云事親若曾子可也吾以爲事君若周公可也蓋子之事父臣之事君聞有自知其不足者矣未嘗聞其以爲有餘也周公之功固大矣然臣子之分所當爲也安得獨用天子之禮乎又曰子之事

父。其孝雖過於曾子，畢竟是以父母之身做出來。豈是分外事。若曾子者，僅可以免責耳。臣之於君，猶子之於父也。假如功業大於周公，亦是以君之人民勢位做出來。而謂人臣所不能爲可乎。○慶源輔氏曰。孟子只平說去。曰事親若曾子可也。至程子方看得可也二字有深意。以此知讀書不可不熟讀玩味。○新安陳氏曰。此章前言守身爲事親之本。後言養志爲養親之大

○孟子曰。人不足與適也。政不足間也。惟大人爲能格君心之非。君仁莫不仁。君義莫不義。君正莫不正。一正君而國定矣。適音謫。間去聲。

趙氏曰。適。過也。間。非也。格。正也。徐氏名度，字孝節，睢陽人。曰。格者物之所取正也。書曰。格其非心。朱子曰。格。如合格之格。謂使之歸于正。○蔡氏曰。非心。非僻之心也。愚謂間字上亦當有與字。言人君用人之非。

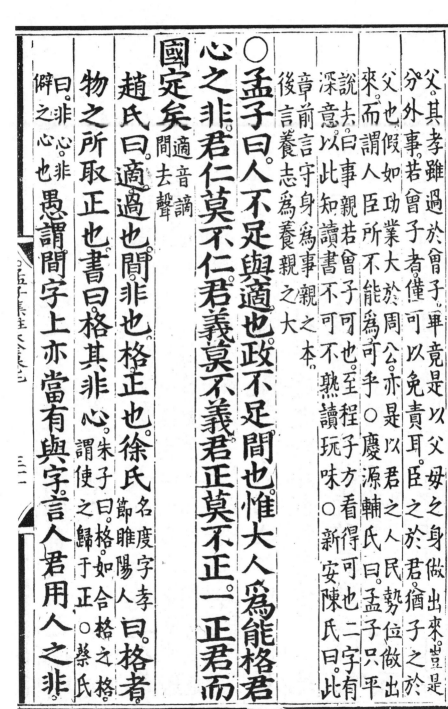

不足過讁。與謫同行政之失。不足非間。惟有大人之德。則能格君心之不正以歸于正。而國無不治。去聲下同矣。新安陳氏曰。仁本義用。正包仁義言之。仁義所以正也。集註所以不提仁義大人者。大德之人。正己而物正者也。朱子曰。大人格君心之非。此是精神意氣自有感格處。然亦須有箇開導底道理。不但默默而已。伊川解遇主于巷云。至誠以感動之。盡力以扶持之。明理義以致其知。杜蔽惑以誠其意。正此意也○程子曰。天下之治亂。繫乎人君之仁與不仁耳。心之非。即害於政。不待乎發之於外也。昔者孟子三見齊王而不言事。門人疑之。孟子曰。我先攻其邪心。荀子大略篇。孟子三見齊王而不言事。門人曰。曷爲三遇齊王而不言事。孟子曰。我先攻其邪心心既正而後天下之事可從而理也。夫音扶政事之失。用人之非。知去聲者能更平聲下同之。直者能諫之。然非心存焉。則事事而更之。後復扶又反下同有其事。將不勝平聲下同其更矣。人人而去上聲下同之。後復用其人。將不勝其去矣。是以輔相去聲之職。必在乎格君心之非。然後無所不正。而欲格君。心之非者。非有大人之德。則亦莫之能也。朱子曰。孔子不能格定哀。孟子不能格齊宣。要之有此理在我。而在人者不可必。○南軒張氏曰。後世道學不明。論治者不過及於人才政事而已。○孰知其本在於君心。又孰知格君之本乃在於吾身乎。○慶源輔氏曰。集註解得格字義分曉。所謂大人者。道全德備。譽望足以弭其邪心。容色足以消其逸志。非但取辦於頰舌之間。諫爭之際而已也。然無大人之德與學而有言責者。則又不可以是藉口。○雙峯饒氏曰。大人。是伊周之徒。他人當不得

○孟子曰。有不虞之譽。有求全之毀

虞度徒洛反也。呂氏曰。行去聲不足以致譽而偶得譽。是謂不虞之譽。求免於毀而反致毀。是謂求全之毀。言毀譽之言未必皆實。脩己者不可以是遽爲憂喜。觀人者不可以是輕爲進退。慶源輔氏曰。集註既得孟子本意。又續以此二言。於人己兩有所益。○雙峯饒氏曰。我去譽他人之譽平聲。得此譽於他人去聲。譽本是美人之好處。但對毀字說。則二者皆有不得其眞之意。○雲峯胡氏曰。毀譽已自是非眞。況脩己而遽以是爲憂喜。必至於失己。觀人而輕以是爲進退。必至於失人。

○孟子曰。人之易其言也。無責耳矣。易去聲。

人之所以輕易其言者。以其未遭失言之責故耳。蓋常人之情無所懲於前。則無所警於後。非以爲君子之學

必俟有責而後不敢易其言也。然此豈亦有爲去聲而言之與。音余○慶源輔氏曰。謹言語自是君子之庸行。何待於有責而後然

○孟子曰。人之患在好爲人師。好去聲王勉曰。學問有餘。人資於己。不得已而應之可也。若好爲人師。則自足而不復扶又反有進矣。此人之大患也。新安陳氏曰。不得已者。不自知其有餘。無意於爲人師。而人自師之。好云者。自見其有餘。有意於爲人師。而人未必心悅誠服以師之。○雲峯胡氏曰。通上章兩人字爲泛然之衆人而言也。與大學正心脩身兩章之人字不異

○樂正子從於子敖之齊子敖。音遨王驩字

樂正子見孟子。孟子曰。子亦來見我乎。曰。先生何爲出此

言也曰子來幾日矣曰昔者曰昔者則我出此言也不亦宜乎曰舍館未定曰子聞之也舍館定然後求見長者乎長上聲

昔者前日也館客舍也王驩孟子所不與言者則其人可知矣樂正子乃從之行其失身之罪大矣又不早見長者則其罪又有甚者焉故孟子姑以此責之新安陳氏曰從小人爲失身一罪也不早見長者又一罪也孟子且以後一罪責之

曰克有罪

陳氏曰樂正子固不能無罪矣然其勇於受責如此非好去聲善而篤信之其能若是乎世有強辯飾非聞諫愈

甚者又樂正子之罪人也新安陳氏曰。樂正子。善人也。信人也。所以能好善而篤信之。惟好善篤信。所以勇於服義自以爲罪。亦可尚也

○孟子謂樂正子曰子之從於子敖來徒餔啜也我不意子學古之道而以餔啜也餔博孤反啜昌悅反

徒但也餔食也啜飲也言其不擇所從但求食耳此乃正其罪而切責之朱子曰。王驩齊幸臣。盖欲自託於孟子以取重。使滕王以爲介。孟子未嘗與言。弔公行子。又不與言。絕之深矣。樂正子不察輕身從之。意特藉其資粮輿馬以見孟子而已。故以餔啜罪之。若孟子所以去齊其詳雖不可考。疑驩以是積憾而遂去也。○南軒張氏曰。克既館於子敖則未免制於子敖。故舍館定。始得見其師。觀此二章則知君子之處己不可以不嚴。而所與不可不謹也。○雙峯饒氏曰。此二章只一件事。樂正子方來。孟子不欲便責之。後卻正其罪。所以分作兩章。樂正子初意只欲來齊見孟子。依王

驩來省糧挨食之費視爲無緊要事殊不知一失身從之便是因失其親將來王驩或薦引之則那時去就愈難處孟子所以切責之○趙氏曰樂正子能勇於受責然後孟子正其罪而切責之所謂可與言而後與之言者也

○孟子曰不孝有三無後爲大

趙氏曰於禮有不孝者三事謂阿意曲從陷親不義一也家貧親老不爲祿仕二也不娶無子絶先祖祀三也三者之中無後爲大 慶源輔氏曰此必見於古傳記趙氏時其書尚存故引之今則不復存矣阿意曲從陷親不義者懦也家貧親老不爲祿仕者惰也不娶無子絶先祖祀則因循苟且亂常咈理不仁之甚也故於三者之中最爲不孝之大者○雙峯饒氏曰此三者不是尋常不孝底事奉順孝也但阿意曲從陷親於不義則不可非其道不仕孝也家貧親老而不祿仕則不可告而後娶孝也但告則不得娶以至無子絶祀則不可趙氏以意度説自好所以朱子不破其説

舜不告而娶爲無後也君子以爲猶告也爲無之爲去聲

舜告焉則不得娶而終於無後矣告者禮也不告者權也○新安陳氏曰告者禮之正也經也不告者禮之變也權也猶告言與告同也蓋權而得中則不離去聲於正矣○范氏曰天下之道有正有權正者萬世之常權者一時之用常道人皆可守權非體道者不能用也新安陳氏曰體道謂全體此道於身與道爲一者也蓋權出於不得已者也若父非瞽瞍子非大舜而欲不告而娶則天下之罪人也程子曰舜不告而娶堯得以命瞽瞍使舜娶舜雖不告堯告之也以君詔之而已○朱子曰以事理度之意其未及告而受堯之命耳其後固不容不告而遂娶以歸也○新安倪氏曰人之大倫君親爲重湯放桀武王伐紂而孟子謂聞誅一夫未聞弒君此處君臣之變而不失其正者也舜不告而

娶而孟子謂君子以爲猶告此處父子之變而不失其正者也然惟聖人體道之至乃能權而得中若未能然而欲引以藉口則誠得罪於天下萬世矣故集註於前章曰惟在下者有湯武之仁在上者有桀紂之暴則可不然是未免於篡弒之罪也於此章曰告父非瞽瞍子非大舜而欲不告而娶則天下之罪人也皆所以補孟子未足之意嚴萬世之大戒而扶植君臣父子之綱集註之有功於世教也大矣

○孟子曰仁之實事親是也義之實從兄是也

仁主於愛而愛莫切於事親義主於敬而敬莫先於從兄故仁義之道其用至廣而其實不越於事親從兄之間蓋良心之發最爲切近而精實者有子以孝弟爲爲仁之本其意亦猶此也朱子曰實字有對名而言者謂名實之實有對理而言者謂事實之實有對華而言者謂華實之實今這實字正是華實之實仁之實本只是事親推廣之愛人利物無非是

仁義之實本只是從兄推廣之弟長忠君無非是義事親從兄便是仁義之實推廣出去者乃是仁義之華采○實對華而言凡仁義之見於日用者惟此爲本根精實之所在必先立乎此而後其光華枝葉有以發見於事業之間焉且如愛親仁民愛物無非仁也但是愛親乃是切近而眞實者乃是仁最先發處義之實亦然○覺軒蔡氏曰有子以孝弟爲爲仁之本孟子乃以事親屬之仁從兄屬之義若不同矣朱子乃以爲其意亦猶此何耶蓋有子言仁專言之仁也孟子言仁義偏言之仁也事親主乎愛而已義則愛之宜者也合而言之推其事親者以從兄此孝弟所以爲爲仁之本分而言之則事親而孝從兄而弟所以爲仁義之實也○西山眞氏曰仁義之道大矣而其切實處只在事親從兄蓋二者人之良知良能天性之眞於焉發見欲爲仁義者惟先體認踐行於此而充廣之則其道生生而不窮否則悠悠然泛泛然非可據之實地矣○勿軒熊氏曰此實字之訓當如果核之實○新安陳氏曰洙泗言仁孟氏始每言仁義言仁渾淪言之言其理一者也故總言孝弟以明親親見親親爲仁民愛物之本也言仁義分別言之言理一中之分殊者也故以事親爲仁之實從兄

爲義之實也集註謂有子之意亦猶此者蓋以本立於孝弟而仁道自此而生與仁義之實盡於事親從兄而仁義之道其華釆亦皆自此而生此意有相似者耳

智之實知斯二者弗去是也禮之實節文斯二者是也樂之實樂斯二者樂則生矣生則惡可已也惡可已則不知足之蹈之手之舞之樂斯、樂則之樂音洛惡平聲

斯二者指事親從兄而言知而弗去則見之明而守之固矣節文謂品節文章樂則生矣謂和順從七容反容無所勉強上聲事親從兄之意油然自生如草木之有生意也既有生意則其暢茂條達自有不可遏者所謂惡可已也其又盛則至於手舞足蹈而不自知矣新安陳氏曰手舞足

蹈。天理之真樂形見於動容之間而不自知者也

〇此章言事親從兄良心真切。天下之道皆原於此。然必知之明而守之固。然後節之密而樂之深也

朱子曰。此一段緊要在五箇實字上。如仁是親親仁民愛物義是長長貴貴尊賢。然在家時未便到仁民愛物。未事君時未到貴貴。未從師友時未到尊賢。且須先從事親從兄上做將去。這箇便是仁義之實。仁民愛物貴貴尊賢便是仁義之英華。若理會得這箇便知得其他。那分明見得而守定不移便是智之實。行得恰好便是禮之實。由中而出無所勉强。便是樂之實。大凡一段中必有緊要處。這一段便是這箇實字緊要。〇問樂則生矣。生則惡可已也。曰。如今恁地勉强安排。如何得樂。到得常常做得熟。自然浹洽通快。周流不息。油然而生。不能自已。只是要到樂處。實是難在。若只恁地把捉安排。纔忘記又斷了。這如何得樂。如何得生。〇節者等級也。文是裝裹得好。如升降揖遜之類也。〇蔡氏曰。既曰知斯二者。又曰弗去者。易曰貞固足以幹事。貞固二字。朱子云知正之所在而固守之。所謂知而弗去是也。體仁嘉會利物皆一意。

而貞固獨有二字意貞則知之貞。固則守之固。蓋萬物之成始而成終所以爲貞也。惻隱羞惡辭遜皆是一面道理。而是非獨有兩面。則智之爲二可知矣、又推之凡屬北方者皆有二。如五行水土俱旺於子。五藏心肝脾肺皆一而腎獨二。四方青龍朱雀白虎皆一而玄武獨二。造化之妙。莫不皆然。此貞之所以成終而作始。智之所以知之而又弗去也。但孟子此章只以仁義爲本。而又以事親從兄爲行仁義之本。蓋事親從兄。乃良心之發最爲切近而精實者也。智則吾心虛靈知覺之妙。經緯乎其中者也。終之以禮樂。又所以節之樂之。使良心之發油然生生而不能自已者也。若智之知而弗去。與禮之節文。猶是守之也。到得樂則生而不知手舞足蹈則化之矣。此學問之極功也○慶源輔氏曰。知既明則自然弗去。如人知水火之不可蹈。則自然不蹈也。人既知親之當愛兄之當敬。孰肯舍其親而不愛。舍其兄而不敬者。其有不愛不敬者。蓋其智爲物昏而知之不明。非智矣。事親自有事親之節文。從兄亦然。粗言之。如溫清定省徐行後長之類。各有品節文理。便是禮之實。不知手舞足蹈。此聖人之作樂所以必有舞也。樂之之意至於充盛之極。則不假言說。心意自然形見。血脉自然動盪手舞足蹈皆自然而然不待心使之然故不自知也○和順從容不待勉强事親從兄之意油然而生如草木之有生意是樂之實○草木既有生意則日長月茂無一息之停孰能遏而止之哉事親從兄之意油然自生則亦如草木之有生意自然日日暢滿茂盛條理通達自無一息之停又烏得而遏之哉○事親從兄是良心之真切仁與義是斯道之統會若便恁地說過亦只是說話須是以人體之方可所謂必知之明而守之固然後節之密而樂之深者此正如魚之飲水冷暖自知非言語之能盡也○雙峯饒氏曰實如果實包得許多生意在其中萌芽枝葉皆由此生仁義五者只在事親從兄兩件內如兩箇果實然少焉知得這箇節文這箇樂這箇到生而惡可已皆此實內萌芽發甲到枝葉蕃茂處此章與論語本立而道生相似前面事親從兄是爲仁之本後面智禮樂是道生但有子說得偏孟子說得全○節是限節文是文章如及階是節揖是文親親之殺尊賢之等此節文也就親親中而言則又有親疏遠邇到仁民愛物上亦是節文纔到節文處功用便廣了天理之節文作靜字看節文斯二者作動字看此章說得皆活亦當活看○禮樂合精粗本末而言到樂

此處則道理自然生。○此章不言信者，實則信在其中。○

此章有經緯，仁義是經，禮樂智是緯。○莆田黃氏曰：前四箇是也字，都是說用工處，到樂處便不說是也字了。這處最要看所以樂、所以生者如何。生字與實字相應，實是箇生生種子。這種子只在人腔殼子裏，驗之吾身，事親從兄，是從源頭發見處說；知弗去，是就體認操存處說；節文，是就纖悉微密處說；樂是就成熟結果處說。生惡可已，如頑果不食，善端萌蘖，更無歇時。足蹈手舞，只是形容枝榦暢茂、花萼敷榮、可玩可悅處。○張氏彭老曰：孟子所謂實，即有子所謂本。本立而道生，與樂則生矣，此兩生字最可觀。譬之果木有根本而後生枝葉，有核實而後生萌芽。生則惡可已也，果木之生惡可已，則不知其枝之繁、葉之茂也；人心天理之生惡可已，則不知其足之蹈、手之舞也。○雲峯胡氏曰：前兩實字是就人本心上說，下三實字是就工夫上說。○新安陳氏曰：味必字與然後字，集註實歸重於知而弗去之智。智配貞，貞者，正而固也。果能於事親從兄知之既明，守之又固，然後節之密，樂之深，始可言耳。密與文理密察之密同。禮之節文不厭其密，樂至於生，生惡可已，舞蹈而不自知，斯可以謂之深矣。

○孟子曰。天下大悅而將歸己。視天下悅而歸己。猶草芥也。惟舜爲然。不得乎親。不可以爲人。不順乎親。不可以爲子。

言舜視天下之歸己如草芥。而惟欲得其親而順之也。得者。曲爲承順以得其心之悅而已。順則有以諭之於道。心與之一而未始有違。尤人所難也。爲人。蓋泛言之。爲子則愈密矣。朱子曰。人字只大綱說。子字却說得重。固有人承順顏色看父母做事不問是非。一向不逆其志。這是得親之心。然猶是淺事。惟順乎親。則親之心皆順乎理。必如此而後可以爲子。此所以爲尤難也。○雙峯饒氏曰。順親者。父母所爲合乎道。子所爲亦合乎道。彼此無違逆之謂。非順從之順也。問。如何可以諭之於道。曰。所謂先意承志諭父母於道。父母之意未發。我便做道理承順其志而諭之於道。爲人子

不特得父母之心。又能諭父母於道。方謂之孝

舜盡事親之道而瞽瞍厎豫。瞽瞍厎豫而天下化。瞽瞍厎豫而天下之為父子者定。此之謂大孝

瞽瞍，舜父名。厎，致也。豫，悅樂音洛也。瞽瞍至頑，嘗欲殺舜。至是而厎豫焉。書所謂不格姦，亦允若是也。書舜典：瞽子，父頑，母嚚，象傲。克諧以孝，烝烝乂，不格姦。言舜乃瞽瞍之子。不幸遭父頑母嚚。及其異母弟名象者亦驕傲。而能和以孝。使之進進以善自治。而不至於大為姦惡也。○大禹謨：祗載見瞽瞍，夔夔齊慄。瞽瞍亦允若。言舜敬其子之職事以見瞽瞍。夔夔然莊敬戰慄。雖瞽瞍愚頑，亦且信而順之也。蓋舜至此而有以順乎親矣。是以天下之為子者知天下無不可事之親。顧吾所以事之者未若舜耳。於是莫不勉而為孝。至於其

親亦厎豫焉，則天下之爲父者亦莫不慈，所謂化也。子孝父慈，各止其所，而無不安其位之意，所謂定也。新安陳氏曰：化以心言，定以分言。爲法於天下，可傳於後世，非止一身一家之孝而已，此所以爲大孝也。南軒張氏曰：事親之道，人人具於性中，他人不能盡，而舜能盡之，亦非有所加益於其間也。盡事親之道，而瞽瞍厎豫，惟天下之至誠有以感通故耳。又曰：舜爲法於天下，豈特天下之爲父子者定，可傳於後世，萬世之爲人父子者亦莫不定矣。嗟夫！爲人子者苟以大舜爲不可跂及而不取法於舜，是自誣其天性也。欲取法於舜如之何？亦曰反身而誠而已矣。○雙峯饒氏曰：聖人遇此人倫之變，却能回變爲常，返逆爲順，所以可爲法於天下而傳萬世也。○李氏曰：名侗，字愿中，延平人。舜之所以能使瞽瞍厎豫者，盡事親之道，共音恭爲子職，不見父母之非而已。昔羅仲素語此云：只爲去聲天下無不是底父母了翁聞而善之曰唯如此而後天下之爲父子者定彼臣弑其君子弑其父者常始於見其有不是處耳仲素名從彥豫章人後居延平了翁姓陳名瓘字瑩中延平人○慶源輔氏曰孝子之心與親爲一凡親之過皆己之過順之所以負罪引慝者此也故孝子自不見父母有不是處羅氏之語約而盡質而當萬世不可易凡父母之不是皆己之不是也己既是父母豈有不是者哉陳氏則又推其極而言之亦事理之實也○西山眞氏曰舜所值者至難事之親也然積誠感動不以父母爲不是而自引以爲己之慝惟見自己之不是而已世縱有難事之親豈得有如瞽瞍者故瞽瞍厎豫而天下之爲人子者皆知無不可事之親惟患爲子者未盡事親之道耳孰有不勉於爲孝者哉是故罪己而不非其親者仁人孝子之心也怨親而不反諸己者亂臣賊子之志也後之或遇難事之親者其必以舜爲法

孟子集註大全卷之七

孟子集註大全卷之八

離婁章句下

凡三十三章

孟子曰舜生於諸馮遷於負夏卒於鳴條東夷之人也

諸馮負夏鳴條皆地名在東方夷服之地問舜卒於鳴條則湯與桀戰之地也而竹書有南巡不返禮記有葬於蒼梧之說何耶朱子曰孟子之言必有所據二書駁雜恐難盡信然無他考驗闕之可也○趙氏曰諸馮在冀州之分負夏衛地鳴條在安邑之西

文王生於岐周卒於畢郢西夷之人也

岐周岐山下周舊邑近畎夷畢郢近豐鎬鎬胡老反○新安陳氏曰畢在鎬東非楚都之郢今有文王墓

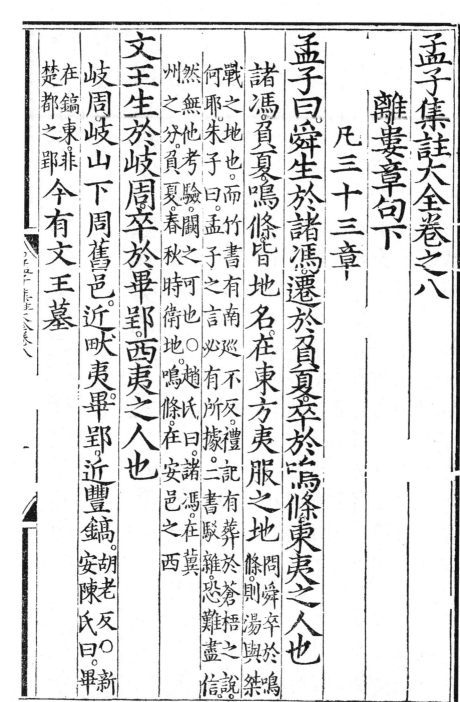

地之相去也。千有餘里。世之相後也。千有餘歲。得志行乎中國。若合符節。

得志行乎中國。謂舜爲天子。文王爲方伯。得行其道於天下也。符節。以玉爲之。篆刻文字而中分之。彼此各藏其半。有故則左右相合以爲信也。若合符節。言其同也。

周禮六節。守邦者用玉節。守都鄙者用角節。凡邦國之使節。山國用虎節。上國用人節。澤國用龍節。皆金也。門關用符節。貨賄用璽節。道路用旌節。○朱子曰。古人所爲。恰與我相合。只此便是至善。前乎千百世之已往。後乎千百世之未來。只是此箇道理。○古人符節。多以玉爲之。如牙璋以起軍旅。又有竹符。又有英蕩。符蕩。小節竹。使者謂之蕩節也。漢有銅虎符。竹使符。銅虎以起兵。竹使。郡守用之。凡符節。右留君所。左以與其人。有故。則君以其右合其左。以爲信也。曲禮曰。獻粟者執右契。右者取物之券。如徵兵取物。徵召。皆以右取之也。

先聖後聖，其揆一也。

揆度音鐸，下同也。其揆一者，言度之而其道無不同也。○范氏曰：言聖人之生，雖有先後遠近之不同，然其道則一也。○南軒張氏曰：聖人純乎天理。舜文父子君臣之際蓋不同矣。其揆一者，所契合者天之理也。舜與文王，易地則皆然。○慶源輔氏曰：孟子未嘗說著道字。然曰行乎中國，行便是道。曰其揆一，揆亦是道。○雲峯胡氏曰：舜於君臣處其常，而於父子處其變。文王於父子處其常，而於君臣處其變。其事不一也，而最可見其道之一。○新安陳氏曰：先後，以時言。遠近，以地言。道之同，以此心此理言。

○子產聽鄭國之政，以其乘輿濟人於溱洧。乘，去聲。溱音臻。洧，榮美反。

子產，鄭大夫公孫僑音喬也。溱洧，二水名也。子產見人有徒涉此水者，以其所乘平聲之車載而渡之。

孟子曰惠而不知為政

惠謂私恩小利政則有公平正大之體綱紀法度之施焉問以左傳考之子產非不知為政者孟子姑以其乘輿濟人一事譏之然夫子亦目以惠人豈子產所為終以惠勝歟朱子曰東坡云有及人之小利無經世之遠圖亦說得好都鄙有章等只是行惠人底規模○慶源輔氏曰惟其恩之出於私故其利之及者小人曰體以理言本也施以事言用也

歲十一月徒杠成十二月輿梁成民未病涉也杠音江

杠方橋也徒杠可通徒行者梁亦橋也輿梁可通車輿者周十一月夏九月也周十二月夏十月也夏令曰十月成梁夏令曰九月除道十月成梁營室之中土功其始蓋農功已畢可用民力又時將寒冱音互水有橋梁則民不患於徒涉亦王政

之一事也朱子曰。先王之政。細大具舉。而無事不合民心。順天理。故其公平正大之體紀綱法度之施。雖纖悉之間。亦無遺恨如此○雙峯饒氏曰。民未病於涉。要就未字上看。十月徒杠已自成了。所以民未至於病涉。若徒杠到寒時方做。則民已病於涉

君子平其政。行辟人。可也。焉得人人而濟之辟與闢同焉於虔反

辟辟除也。如周禮閽音昏人爲去聲之辟之辟。周禮天官。閽人。掌王宮之中門之禁。凡外內命夫命婦出入則爲之闢閽人。主晨昏啓閉。闢。闢開左右行者言能平其政。則出行之際。辟除行人。使之避己。亦不爲過。況國中之水當涉者衆。豈能悉以乘輿濟之哉朱子曰。辟除之辟。乃趙氏本說。與上下文意正相發明。蓋與舍車濟人正相反也○君子能行先王之政。使細大之務無不畢舉則惠之所及亦已廣矣。是其出入之際。雖辟除人使之避己。亦上下之分固所宜然。何必曲意行私。使人人知己出然後爲惠。又況

人民之衆。亦安得人人而濟之哉

故爲政者每人而悅之。日亦不足矣

言每人皆欲致私恩以悅其意則人多日少亦不足於用矣。諸葛武侯嘗言治世以大德不以小惠。蜀志。諸葛亮之相蜀也。有言公惜赦者。答曰。治世以大德。不以小惠。得孟子之意矣問孔子以子產之惠爲君子之道。而子以私恩小利言之。何也。朱子曰。孔子之言。通乎臣細。故不害其爲君子之道。此承上文乘輿濟人一事而言。則私恩小利而已。子產之事。可謂有不忍人之心矣。然先王則以不忍人之心。行不忍人之政。是以其體正大而均平。其法精密而詳盡。而其利澤之及人。如天地之於萬物。莫不各足其分而莫知其功之所自。苟有是心而無是政。則不過能以煦濡姑息。苟取悅於目前。其耳目之所不及。不免有所遺矣。況天下國家之大。又安得人人而濟之。昔諸葛武侯嘗言治世以大德。不以小惠。而其治蜀也。官府次舍。橋梁道路。莫不繕理。而民不告勞。是亦庶幾乎先王之政矣。曰。子產相鄭。能使都鄙有章。上下有服。田有封洫。廬井有伍。則亦非不知爲政者。橋梁之修。尤非難事。乃獨有闕於此耶。曰。聞之師曰。子產之才之學。於先王之政。雖有所未盡。然其於橋梁之修。蓋有餘力。而其惠之及人。亦有大於乘輿之濟者矣。意者此時偶有故而未就。又不忍乎冬涉之艱。而爲是爾。然暴其小惠以悅於人。人亦悅而稱之。孟子慮夫後之爲政者。或又悅而效之。則其流必將有廢公道以市私恩。違正理而干虛譽者。故極語而深譏之。以警其微。亦拔本塞源之意也。○南軒張氏曰。先王之治。爲之井田。爲之封建。與天下公共。使俱得其平。下至於鰥寡廢疾。皆有所養。而微至於次舍橋梁芻秣之事。亦皆有經制。此豈先王強爲之哉。因事而制法。其法皆循乎天理。而天下之人無不被其澤。後世欲人人而悅。而日亦不足。公義私恩之相去。蓋如此。○慶源輔氏曰。此正說子產之用心錯處。夫子產固賢。但以不知聖人之學。是以有時內交要譽之私萌而不可揜。孟子明辨之。所以立教也。

○孟子告齊宣王曰。君之視臣如手足。則臣視君如腹心。

君之視臣如犬馬則臣視君如國人君之視臣如土芥則臣視君如寇讎

孔氏曰宣王之遇臣下恩禮衰薄至於昔者所進今日不知其亡則其於群臣可謂邈莫角反然無敬矣故孟子告之以此手足腹心相待一體恩義之至也如犬馬則輕賤之然猶有豢音患養之恩焉國人猶言路人言無怨無德也土芥則踐踏之而已矣斬艾音乂之而已矣其賤惡去聲之又甚矣寇讎之報不亦宜乎

慶源輔氏曰此說特爲宣王發所謂有爲之言也然臣之報君視君之所施常加厚一等○潛室陳氏曰孟子此語是說大都報應如此若忠臣孝子不當以此自處當知天下無不是底君父

王曰禮爲舊君有服何如斯可爲服矣爲去聲下爲之同

儀禮曰以道去君而未絶者服齊音咨衰音催三月儀禮喪服篇傳曰大夫爲舊君何以服齊衰三月也大夫去君歸其宗廟故服齊衰三月言與民同也何大夫之謂乎言其以道去君而猶未絶也註謂三諫不從待放於郊未絶者言爵禄尚有列於朝出入有詔於國凡畿内之民皆齊衰三月又子夏傳云臣爲君方喪三年王疑孟子之言太甚故以此禮爲問雙峯饒氏曰舊君其恩已絶尚且爲其君有服不應見在之君而待之如此集註所以云王疑孟子之言太甚

曰諫行言聽膏澤下於民有故而去則君使人導之出疆又先於其所往去三年不反然後收其田里此之謂三有禮焉如此則爲之服矣

導之出疆。防剽(匹妙反)掠(音畧)也。先於其所往。稱道其賢。欲其收用之也。三年而後收其田祿里居。前此猶望其歸也。

朱子曰。有故而去。非大義所繫。不必深爲之說。臣之去國。其故非一端。但昔者諫行言聽。而今也有故而去。而君又加禮焉。則不得不爲之服矣。樂毅之去燕近之。○慶源輔氏曰。導之出疆。所以盡防衛之道。於在我之境。先於其所往。所以爲其祿仕之地。於所往之國。去三年不反。然後收其田里。所以示拳拳屬望之恩義也。○雙峯饒氏曰。諫是開邪。言是陳善。○問諫行言聽。如何又有故而去。曰。如夫子在其國。道非不行。只因受女樂。便去。諫行言聽。是平日如此。亦有偶然議論不合而去

今也爲臣。諫則不行。言則不聽。膏澤不下於民。有故而去。則君搏執之。又極之於其所往。去之日。遂收其田里。此之謂寇讎。寇讎何服之有

極窮也。窮之於其所往之國。如晉錮音固欒盈也。左傳襄公二十一年。欒桓子名黶娶于范宣子。生懷子。名盈范鞅以其亡也怨欒氏。先是十四年。欒黶強逐范鞅使奔秦故與欒盈爲公族大夫而不相能。桓子卒。欒祁與其老州賓通。欒祁。桓子之妻。范宣子之女也。老。家臣之長懷子患之。祁懼其討也。愬諸宣子曰。盈將爲亂。范鞅爲之徵。証其有此宣子使城著晉邑名而遂逐之。秋。欒盈出奔楚。冬。會於商任。錮欒氏也。禁錮之使諸侯不得受○二十二年秋。盈自楚適齊。晏平仲言於齊侯曰。商任之會。受命於晉。今納欒氏。將安用之。冬。會于沙隨。復錮欒氏也。晉知欒盈在齊。故復錮也○潘興嗣蘓章人曰。孟子告齊王之言。猶孔子對定公之意也。而其言有迹。不若孔子之渾上聲然也。蓋聖賢之別必列反如此。新安陳氏曰。論語集註釋孔子對定公之語。末一說謂君使臣以禮。則臣事君以忠。此章與之意似然。聖言含蓄不露。此則英氣發露甚矣。孟子亦是述記檀弓篇子思答魯穆公問禮爲舊君反服之意。楊氏曰。君臣以義合者也。故孟子爲去聲齊王深言報施詩智反之道。使知爲君者不可不以禮遇其臣耳。若君子之自處上聲下同則豈處其薄乎。孟子曰王庶幾改之予日望之。君子之言蓋如此

問君臣之義。天倫中却與父子一般。然愛君之心不如愛父。何也。朱子曰離畔也只是庶民。君子不如此。因舉臣罪當誅兮天王聖明。曰退之此語如何道是好。文王豈不知紂之無道。却如此說。蓋臣子無說君父不是底道理。只得說如此。此是去不得處。便見得君臣之義。○南軒張氏曰孟子此言非獨齊宣王所當聞。爲人君者苟知此義。念夫感應施報之可畏。而崇高之勢不可恃。反己端本之不可一日忘。待臣下以禮。養臣下以恩。保臣下以忠信。則上下交通而至治可成矣。若夫在爲人臣者之分。君雖待我者有未至。而我所以事君者不可以不自盡。玩味孟子三宿出晝之心。則庶幾其得之矣○西山眞氏曰孔孟之言可以見聖賢氣象之分。雖然孟子爲齊王言則然。而所以自處則不然。千里見王不遇故去。而三宿出晝未嘗有

悻悻之心。猶幸王一悟而追已也。曷嘗以寇讎視其君哉

○孟子曰。無罪而殺士。則大夫可以去。無罪而戮民。則士可以徙

言君子當見幾平聲而作。禍已迫。則不能去矣南軒張氏曰。非特士大夫當知見幾而作之義。抑將使有國者聞之。悚然不可以失士大夫之心也。使大夫士懷去從之心。則國之危亡無日矣。衛北風。上爲威虐。下相攜而去之。攜手同行。又攜手同車。則非徒賤者去。貴者亦去矣。未幾衛有狄禍。可不畏哉。○慶源輔氏曰。可以者。在時宜爲可也。失此幾。則有欲去而不能者矣。此明夷之初。所以不食而行。遯之初所以有尾厲之戒。而孔子往趙所以及河而復也。然此特言其常理耳。時與位之不同。則所以處之者亦異。若執此一說以爲臣。則凡苟免自私之徒。得以藉口矣

○孟子曰。君仁莫不仁。君義莫不義

張氏曰。此章重平聲出。然上篇主言人臣當以正君爲急。此章直戒人君義亦小異耳慶源輔氏曰。上篇言人臣當以正君爲急。此章言人君當以正己爲先。亦大學其機如此之說也

○孟子曰。非禮之禮。非義之義。大人弗爲。察理不精。故有二者之蔽。大人則隨事而順理。因時而處上聲。豈爲是哉。程子曰。恭本是禮。過恭是非禮之禮也。以物與人爲義。過與是非義之義也。○張子曰。非禮之禮。非義之義。但非時中者皆是也。時中之宜甚大。須精義入神始得。觀其會通。行其典禮。此方是眞義理也。行其典禮。而不達會通。則有非時中者矣。○潛室陳氏曰。程門以爲如婦人之仁。宦寺之忠。晦翁以爲凡禮義不可泥陳迹。如可行於昔。而不可行於今。可行於人。而不可行於己。與夫辭之爲禮。亦有不辭之爲禮。受之爲義。亦有不受之爲義。行之人則爲禮行之我則非禮。惟義亦然。大人者義理周徧融通。故不

爲非禮義之禮義。又曰。大人則道全識周。貫萬變而不膠於其迹。故無此蔽。學未到大人變通處。則必膠於陳迹。○雙峯饒氏曰。此章緊要在大人弗爲上。大人對小人而言。大人者。言不必信。行不必果。惟義所在。言必信行必果。硜硜然小人哉。正是相對說。○雲峯胡氏曰。非禮之禮。非義之義。皆似是而非。大人者。隨事順理。而不爲非禮之禮。因時處宜。而不爲非義之義。蓋不惑於其似。而深得夫時中之道者也。

○孟子曰。中也養不中。才也養不才。故人樂有賢父兄也。如中也棄不中。才也棄不才。則賢不肖之相去。其間不能以寸。樂音洛

無過不及之謂中。足以有爲之謂才。養謂涵育薰陶。俟其自化也。賢。謂中而才者也。慶源輔氏曰。中以德言。才以才言。德本於性。才本於氣。賢則兼有才德者也。樂有賢父兄者。樂其終能成已也。爲父兄

者若以子弟之不賢遂遽絶之而不能教則吾亦過中而不才矣其相去之間能幾何哉南軒張氏曰。父兄之於子弟教之之道。莫如養之。養之云者。如天地涵養萬物。其雨露之所濡。風雷之所振。和氣之薰陶。寧有間斷乎哉。故物以生遂焉。父兄養子弟之道亦當如是也。寬裕以容之。義理以漸之。忠信以成之。開其明以袪其惑。引之以其方而使之自喻。夫豈歲月之功哉。彼雖不中不才。涵養之久。豈無有萌焉。如其有萌。養道益可施矣。○慶源輔氏曰。集註涵育。以天地之生物言。薰陶。以工冶之成物言。此循其理。而彼自成其形焉。無心也。蓋父子兄弟之間。皆難於責善。正其在我者。使之自化而已。○新安陳氏曰。父兄遇子弟之賢。其爲教也易。不幸遇子弟之不賢。其爲教也難。所以貴乎養之也。舜命契曰。敬敷五教在寬。寬卽養之之謂也。若急迫以求之。見其未化。遽以爲不可教而舍之。是棄之也。父兄而棄子弟。則我之賢爲過。子弟之不肖爲不及。過猶不及。均之爲失中耳。相去能幾何哉

○孟子曰。人有不爲也。而後可以有爲。

程子曰。有不爲。知所擇也。惟能有不爲。是以可以有爲。無所不爲者。安能有所爲耶。朱子曰。横渠先生云。不爲不仁。則可以爲仁。不爲不義。則可以爲義。○雙峯饒氏曰。凡人既不肯爲惡。則必勇於爲善。上面是有守。下面是有爲。先有守而後有爲

○孟子曰。言人之不善。當如後患何

此亦有爲去聲而言問所謂後患者。謂得罪於其人耶。抑恐其亦言己之不善耶。朱子曰。是皆有之。然斯言必有爲而發。今不可知其所指矣。○新安陳氏曰。隱惡忠厚之道。亦遠害之道也。大舜隱惡而揚善。夫子言誰毀誰譽。下文但言如有所譽而不言毀可見矣。若當官而行。有姦慝當言。又不可顧後患而緘默也

○孟子曰。仲尼不爲已甚者

已。猶太也。楊氏曰。言聖人所爲。本分去聲之外。不加毫末。

非孟子眞知孔子。不能以是稱之（朱子曰。所謂本分者。事理之至當。非苟然）而已也。學者宜深察之。一有小差。則流而入於鄉原之亂德矣。○南軒張氏曰。孟子於泄柳段干木謂爲已甚而舉孔子待陽貨事以爲之準。此不爲已甚之證也。夫子非不欲爲已甚。自不至已甚也。何也。聖人範圍天地而不過者。泛應曲當。不過其則。其不爲已甚者。聖人固天則之所存也。世徒見夫子答陽貨見南子等爲不爲已甚。獨不思靈公問陳則遂行。季桓子受女樂則不脫冕而行。爲魯司寇七日而誅少正卯。聞陳恒弒君則沐浴而請討。此謂之已甚可乎。不深求聖人之權度。徒竊語之近似以文其姦。此賊仁義之甚者也。

〔一〕孟子曰。大人者。言不必信。行不必果。惟義所在（行去聲）

必猶期也。大人言行不先期於信果。但義之所在。則必從之。卒亦未嘗不信果也。○尹氏曰。主於義。則信果在其中矣。主於信果。則未必合義。王勉曰。若不合於義而

必

不信不果。則妄人爾龜山楊氏曰。夫子謂言必信。行必果。硜硜然小人哉。故孟子言此以
發明孔子之意。○南軒張氏曰。君子不必夫信果。獨精
吾義焉耳。義精。則言莫非義。而無不信之言。行莫非義。
而無不果之行矣。○慶源輔氏曰。尹氏最得此章之指。
而集註又述其意而著明之。以必爲期。尤更有功。不然
則無忌憚者或得以藉口。王氏則又有不合於義而必
信必果。則爲妄人之說。尤盡其弊。○雙峯饒氏曰。大人
者。篤實而有光輝。以上底人。與道爲一。不著安排。隨時
施宜。言行何嘗有心於信果耶。○雲峯胡氏曰。信果自
是爲士者當然之事。惟至於大人。則言行惟義
之在。雖不先期於信果。而自然無不信果也

○孟子曰。大人者。不失其赤子之心者也

大人之心。通達萬變。赤子之心。則純一無僞而已。然大
人之所以爲大人。正以其不爲物誘。而有以全其純一
無僞之本然。是以擴而充之。則無所不知。無所不能。而

極其大也

朱子曰。大人無所不知。無所不能。赤子無所知。無所能。此二句正相拗。如何。蓋無所不知。無所不能。却是不失其無所知無所能底做出。赤子之心純一無偽。而大人之心亦純一無偽。但赤子是無知無能底純一無偽。大人是有知有能底純一無偽。○大人事事理會得。只是無許多巧偽曲折。便是赤子之心。○問赤子之心。莫是發而未遠乎中。不可作未發時看否。曰。赤子之心。也有未發時。也有已發時。今欲將赤子之心專作已發看也不得。赤子之心。方其未發時。與老稚賢愚一同。但其已發時。未有私欲。故未遠乎中耳。○赤子之心固無巧偽。但於理義未能知覺。渾然赤子之心而已。大人則有知覺擴充之功。而無巧偽安排之鑿。故曰不失赤子之心。著箇不失字。便是不同處。○赤子無所知無所能。大人者是不失其無所知無所能之心。若失了此心。使些子機關。計些子利害。便成箇小底人了。大人心下沒許多事。○雙峯饒氏曰。赤子。如飢要乳。便是欲。但飢便啼。喜便笑。皆是真情。全無巧偽。大人只是守此純一無偽之心而充廣之。所謂蒙以養正。聖功也。○新安陳氏曰。常人累於私欲。而失其赤子之心。大人不誘於私欲。而擴充其本然之心。孟子言此。亦是欲

人過人欲。擴天理也

○孟子曰。養生者不足以當大事。惟送死可以當大事。養去聲

事生固當愛敬。然亦人道之常耳。至於送死。則人道之大變。孝子之事親。舍上聲是無以用其力矣。故尤以爲大事。而必誠必信。不使少有後日之悔也。記檀弓上。子思曰。喪三日而殯。凡附於身者。必誠必信。勿之有悔焉耳矣。三月而葬。凡附於棺者。必誠必信。勿之有悔焉耳矣。○王德脩云。親聞和靖說。唯送死可以當大事。曰。親之生也。好惡取舍得以言焉。及其死也。好惡取舍不能言矣。當是時。親之心即子之心。子之心即親之心。故曰惟送死可以當大事。朱子曰。亦說得好。○雙峯饒氏曰。養生今日不及。明日猶可補。惟送死有不到。爲終身之恨。他日欲爲不可得矣。○新安陳氏曰。生事死葬。皆當以禮。其不可輕忽

均也。孟子此言。非謂養生爲輕。但以常變從容急遽校之。則送死比養生爲尤重大耳。趙岐註云。致養未足以爲大事。送終如禮。則爲能奉大事也。按此。則以爲字訓當字。非擔當之當

○孟子曰。君子深造之以道。欲其自得之也。自得之。則居之安。居之安。則資之深。資之深。則取之左右逢其原。故君子欲其自得之也。造七到反

造詣也。深造之者。進而不已之意。道。則其進爲之方也。資猶藉也。朱子曰。資字。恰（資給資助一般）似左右身之兩旁。言至近而非一處也。逢猶值也。原本也。水之來處也。言君子務於深造而必以其道者。欲其有所持循以俟夫音扶默識心通自然而得之於己也。自得於己。則所以處上聲之者安

固而不搖。處之安固。則所藉者深遠而無盡。所藉者深則日用之間取之至近。無所往而不值其所資之本也

○程子曰。學不言而自得者乃自得也。有安排布置者。皆非自得也。新安陳氏曰。有安排布寘。便是勉強。而非自然之得。然後潛心積慮優游厭飫於其間。說深造然後可以有得。若急迫求之。則是私己而已。終不足以得之也。程子曰。學者須敬守此心。不可急迫。當栽培深厚。涵泳其間。然後可以自得。○朱子曰。深造者。當知非淺迫所可致。若欲淺迫求之。便是強探力取。深造。只是既下工夫。又下工夫。待其眞積力久。則自得之矣。○道。是進爲之方。此是趨岐之說。蓋循此進進不已。便是深造之。猶言以這方法去深造之也。以道。是工夫。深造之。是做工夫。如博學審問愼思明辨篤行之次序。即是造道之方法。若人爲學依次序。便是以道。不依次序便是不以道。能以道而爲之不已。造之愈深。則自然而得之。

既自得之。而爲我有。則居之安。居之安。則資之深。資之深一句。又要人看。蓋是自家既自得之。則所以資藉之者深。取之無窮。用之不竭。只管取。只管有。袞袞地出來。自家資他。他又資給自家。如掘地在下。藉上面源頭來注滿。若源頭深。則源源來不竭。若淺。則易竭矣。取之左右逢其原。蓋這件事也撞著這本來底道理。那件事也撞著這本來底道理。事事物物。皆撞著這道理。如資之深。那源頭水只是一路來。到得左右逢原。四方八面都來。然這个只在自得上。纔自得。則下面節次自如此○問學是理而得之於身。不可以強揉力取也。必深造之以道。然後有以默識心通。而自然得之。蓋造道之不深者。用力於皮膚之外。而責效於旦暮之間。不以其道者。從事於虛無之中。而妄意於言意之表。是皆不足以致夫默識心通而自得之。必也多致其力。而不急其功。必務其方。而不躐其等。則雖不期於必得。而自然得之。將有不可禦者矣。未得之。固無可居之地。得而不出於自然。則雖有所居而不安。惟自得之。則理之在我者。吾皆得以居之。如人有室廬之安。動作起居。種種便適。自眷戀而不去也○資助既深。看是甚事來。無不湊著這道理。不待自家將道理去應他。且如爲人君。便有那仁從那邊來。爲人臣。便有那敬從那邊來。子之孝。有那孝從那邊來。父之慈。有那慈從那邊來。只是那道理原頭處自家靠着他。左右前後。都見是這道理。○問程子之說如何。曰。必須以道。方可潛心積慮優游厭飫。若不以道。則潛心積慮優游厭飫做甚底。○慶源輔氏曰。自得。如子貢悟性天之不可聞。曾子唯吾道一貫之語。此何待於言語而後見。正張子所謂德性之知。不萌於聞見者也。豈容更有安排布置哉。蓋其平日潛心積慮。優而游之。厭而飫之。全身在義理之中。及其眞積力久。理與心融。物與性合。然後可以有得。若有一毫急迫之意。便是私己與道便自間斷。更如何得到自得田地。○潛室陳氏曰。君子深造之以道。謂以法度而深造之。優而游之使自得之。饜而飫之。使自趣之。欲其自得之也。自得則下皆爲學之效驗耳。左右逢原意最好。學至於自得以理只在左右之近。觸處見本源。此豈我帶來道理。亦只事事物物元有道理森然已具。吾人自得之餘。取之而逢見之耳。○雙峯饒氏曰。這箇道字。便是致知力行之方。之字是指所得而言。下面居之資之取之皆是指所得言也。○微菴程氏曰。君子之學。以自得爲貴。然有自得之工夫。有自得之效驗。深造之以道。自得之工夫也。

居之安。資之深。取之左右逢其原。自得之效驗也。有是工夫。必有是效驗。效驗有所未至。必工夫有所未盡也

○雲峯胡氏曰。非有所造者。不能有所得。非造之深者。不能自得。然不以其道則無深造之方法。未易到自得之地步。深造之以道。是未得之先下工夫。居安至逢原是自得之後見功效。大要在勿忘勿助。集註謂有所持循是勿忘。以俟夫默識心通是勿助。所謂潛心積慮是勿忘。優游厭飫是勿助。○新安陳氏曰。自得之有二說。朱子謂自然而得之。所附程子說。證已說之出於程子也。一說謂自得之於己。如南軒云。不自得。則無以有諸己。自得而後爲己物也。以其德性之知。非他人所能與。故曰自得。此近乎莊生所謂自得其得。而非得人之得之意。終有弊。不如自然得之之說。有從容優游之味

○孟子曰。博學而詳說之。將以反說約也

言所以博學於文而詳說其理者。非欲以誇多而鬬靡也。欲其融會貫通。有以反而說到至約之地耳。蓋承上

章之意而言。學非欲其徒博。而亦不可以徑約也。程子曰。博與約正相對。聖人教人只此兩字。博是博學多識多聞多見之謂。約只是使人知要也。○問世間博學之人非不博。却又不知箇約處者。何故。朱子曰。它合下博得來便不是了。如何會約。他竟不窮究這道理是如何。都見不透徹。只是搜求隱僻之事。鉤摘奇異之說以爲博。如此豈能得約。今世博學之士。大率類此。○約自博中來。通貫處便是約。不是通貫了。又去裏面尋討箇約。其嘗不喜揚子雲言多聞則守之以約。多聞了。又要一箇約去守他。○程子說格物云。但積累多後。自脫然有貫通處。積累多。便是博。脫然有貫通處。便是約。○慶源輔氏曰。集註所謂文。謂詩書六藝之文。理。謂詩書六藝所載許多道理也。承上章言博學詳說。則是深造之意。反說約。則是自得之事。但上章以行言。此章以知言。知與行蓋互相發也。○潛室陳氏曰。不博。則約無所施。學到約後。許多博處方有受用。○雙峯饒氏曰。誇多說博學。鬬靡說詳說。所以博學者。非徒誇其多。所以詳說者。非徒鬬其靡。欲人融而會之。貫而通之而已。這物事未會融時。一箇是一箇。纔融了。便會爲一。約是要約。如思無邪毋不敬之類○新安陳氏曰輔氏謂上章以行言竊謂亦兼知與行言之耳此章孟子所謂博學與孔子所謂博學於文同所謂反說約與孔子所謂約之以禮不同蓋約禮以行言反說約以知言也○東陽許氏曰博學詳說以知言約則會其極而於行上見

○孟子曰以善服人者未有能服人者也以善養人然後能服天下天下不心服而王者未之有也

服人者欲以取勝於人養人者欲其同歸於善蓋心之公私小異而人之向背音佩頓殊新安陳氏曰一則不能服人人者對己而言一則自然能服天下天下則盡乎人矣非向背頓殊乎學者於此不可以不審也朱子曰以善服人者惟恐人之進於善如張華對武帝恐吳人更立令主則江南不可取之類是也以善養人者惟恐人不入於善如湯於葛遺之牛羊又使人往爲之耕是也○南軒張氏曰先王樂與人爲善欲天下舉在吾

化育之中。如春風被物。物蒙其養。無不應者。未嘗有意於服人。而天下之心悅誠服。有不期而然者。蓋以善道與人共之耳。若霸者之所爲。其善者不過欲以善服人。齊桓會首止而定王世子。晉文盟踐土率諸侯以朝王。是也。學者深見二者霄壤之殊。則王霸之分了然矣○慶源輔氏曰。以力服人。以德服人。以事言也。其不同易見。以善服人。以善養人。以心言也。其不同則難見也。孟子之言。至此愈密矣。以善服人者。以善爲已私也。以善養人者。以善與天下公也○雲峯胡氏曰。以德服人。蓋對上文以力服人而言。謂王者之服人。異乎霸者之服人。如子禽疑夫子得聞國政。有以求之。而子貢答以夫子之求之異乎人之求之耳○新安陳氏曰。按孟子二章。皆以王霸對言。前章公私之分在力字與德字。以力服人者。挾力以行私。而反乎公者也。曰德則其理純乎公矣。此章公私之分在服字與養字。以善服人者。誌善以爲已私。而害乎公者也。曰養則其心純乎公矣○東陽許氏曰。以善養人。謂有善於身而教化撫字。使民同歸於善也

○孟子曰。言無實不祥。不祥之實。蔽賢者當之

或曰。天下之言無有實。不祥者。惟蔽賢爲不祥之實。南軒張氏曰。蔽賢。出於媢疾之私。方其欲蔽賢也。私意橫起。不祥之氣固已充溢於中矣。天生斯賢以爲人也。蔽賢之人。妨賢病國。不祥孰甚焉。或曰。言而無實者不祥。故蔽賢爲不祥之實。二說不同。未知孰是。疑或有闕文焉。新安陳氏曰。前說二實字歸一意。然皆無深意味。不如闕之。

○徐子曰。仲尼亟稱於水曰。水哉水哉。何取於水也。亟去聲

亟數者朔也。水哉水哉。歎美之辭。徐子即徐辟。

孟子曰。原泉混混。不舍晝夜。盈科而後進。放乎四海。有本者如是。是之取爾。舍放皆上聲。舍一讀如字。見論語子在川上章

原泉有原之水也。混混。湧出之貌。不舍晝夜。言常出不

竭也。盈，滿也。科，坎也。言其進以漸也。放，至也。言水有原本不已不舍晝夜而漸進盈科後進以至于海，如人有實行去聲則亦不已而漸進以至于極也。新安陳氏曰：水惟其有原本，所以不已而漸進以至歸宿于海，有本者如是。孟子自以此句承接上意，有本者，指原泉。如是，指混混至放乎四海。是之取爾。答徐子何取於水也之問。謂孔子所以亟稱於水者，此意之是取爾。本文只是說水，如人有實行以下，因結語故聲聞過情，君子恥之二句，推出孟子借水以箴規徐子之意，而與下一節集註如人無實行而暴得虛譽不能長久也相對言之。

苟爲無本，七八月之閒雨集，溝澮皆盈；其涸也，可立而待也。故聲聞過情，君子恥之。澮，古外反。涸，下各反。聞，去聲。

集，聚也。澮，田閒水道也。涸，乾也。音干。如人無實行而暴得虛譽不能長久也。新安陳氏曰。水無原本。人無實行之譬也。溝澮皆盈而涸可立待。與上文混混盈科而進。以至放乎四海者相反。暴得虛譽而不能長久之譬也聲聞名譽也。情實也。恥者。恥其無實而將不繼也。新安陳氏曰。集註所謂有實行無實行。全從此情實之情字上發揮出來林氏曰。徐子之爲人必有躐等干譽之病故孟子以是答之○鄒氏曰。孔子之稱水其旨微矣孟子獨取此者。自徐子之所急者言之也。孔子嘗以聞達告子張矣。達者。有本之謂也。聞則無本之謂也。然則學者其可以不務本乎朱子曰。所謂聲聞過情。這箇大段務外。更就中間言之。如爲善無眞實懇惻之意爲學而勉強。苟且徇人。皆是不實。就此反躬思量方得。○慶源輔氏曰。此章指意都結在後兩向上。故集註只以虛名實行爲言。而引林氏鄒氏之說以明之。蓋孟子之意。專欲救徐子躐等干譽之病耳。孔子之稱水。固不專在此也。然由是觀之。雖一物具一理。亦隨人所取如何爾。理固無盡也。又曰。達者有本。謂質直好義。聞者無本。謂色取仁而行違。○汪氏曰。水之可觀。其源有本。其流不息。進有漸。則以盈科爲量。行有至。則以四海爲歸。○雙峯饒氏曰。論孟二不舍晝夜。所指不同。夫子說道體。孟子說有本。所謂微旨。川上之歎是也。孟子只就徐子身上說。取切其病而易曉

○孟子曰。人之所以異於禽獸者幾希。庶民去之。君子存之

幾希。少也。庶。衆也。人物之生。同得天地之理以爲性。同得天地之氣以爲形。其不同者。獨人於其閒得形氣之正。而能有以全其性。爲少異耳。雖曰少異。然人物之所以分。實在於此。衆人不知此而去之。則名雖爲人。而實

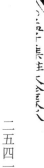

無以異於禽獸君子知此而存之是以戰兢惕厲（他歷反）而卒能有以全其所受之正也朱子曰人物之所同者理也所不同者心也人心虛靈無所不明禽獸便昏了只有一兩路子明如父子相愛雌雄有別之類人之虛靈皆推得去禽獸便更推不去人若以私欲蔽了這箇虛靈便是禽獸人與禽獸只爭這些子所以謂幾希○飢食渴飲之類是人與禽獸同者有親有義之倫此乃與禽獸異者存是存所以異於禽獸之道理今人自謂能存只是存其與禽獸同者耳○西山眞氏曰人與物相去亦遠矣而孟子以爲幾希者蓋人物均有一心然人能存而物不能存所不同者惟此而已人類之中有凡民者亦有是心而不能存無異於禽獸矣惟君子能存之所以異於物也○新安陳氏曰集註知之一字示人以存之之門戰兢惕厲四字授人以存之之法

舜明於庶物察於人倫由仁義行非行仁義也

物事物也明則有以識其理也人倫說見（形甸反）前篇察

則有以盡其理之詳也。物理固非度外，而人倫尤切於身，故其知之有詳畧之異，在舜則皆生而知之也。由仁義行，非行仁義，則仁義已根於心，而所行皆從此出，非以仁義爲美，而後勉強上聲行之，所謂安而行之也。此則聖人之事，不待存之而無不存矣。

張子曰：明庶物，察人倫，皆窮理也。既知明理，但知順理而行，而未嘗有以爲仁義，仁義之名，但人名其行耳。如天春夏秋冬，何嘗有此名，亦人名之耳。○朱子曰：明物察倫，由仁義行三句，以學言之則有序，猶格物致知而後意誠心正也。自聖人言之，則生知安行，不可以先後言也。○惟舜便由仁義行，他人須窮理，知其爲仁爲義，從而行之。且如仁者安仁，智者利仁，既未能安仁，亦須是利仁。利仁豈是不好底？知仁之爲利而行之，不然，則以人欲爲利矣。○南軒張氏曰：行仁義，猶與爲二物，由仁義行，則如目視耳聽，手持足履，身與理一而非二也。若舜可謂全其所以爲人者而無虧欠矣。

未至於舜。猶爲未盡也。人皆可以爲堯舜。其本在乎存之而已。○西山眞氏曰。存之者。猶待於用力。舜則身即理。理即身。渾然無間。而不待於用力矣。○雙峯饒氏曰。孟子舉舜做箇存底樣子。孟子言必稱堯舜。直是要人學之。

○尹氏曰。存之者君子也。存者聖人也。君子所存。存天理也。由仁義行。存者能之。雲峯胡氏曰。庶民不能存。無以自異於禽獸。君子知此而存之。所以自異於庶民。存之者君子。存者聖人。此又聖人所以異於君子也。○新安陳氏曰。人所以異於禽獸。而皆可爲堯舜。以得形氣之正而能全其性耳。仁義。此性中天理之大者也。人倫之中。仁義行焉。仁於父子。義於君臣是也。君子存之而後存。舜大聖人。不待存之而自存。何以見其不待存之。以其知生知。其行安行見之也。君子必待存之。故不能生知。必學知焉。不能安行。必勉行焉。孟子所謂行仁義。正是存之之君子事也。而知未之言。所以集註補之曰。衆人不知此而去之。君子知此而存之。不知與知意了然矣。知之而後能存。存之而後能行。知以覺於心言。存以存於心言。行以行於身言。由仁義行。存者能之。即尹氏此言推之。則行仁義。

豈非存之者能之歟

○孟子曰。禹惡旨酒而好善言惡好皆去聲

戰國策曰。儀狄作酒。禹飲而甘之。曰。後世必有以酒亡其國者。遂疏平聲儀狄而絕旨酒。書曰。禹拜昌言慶源輔氏曰。惡旨酒則物欲不行。好善言則天理昭著

湯執中。立賢無方

執。謂守而不失。中者無過不及之名。方。猶類也。立賢無方。惟賢則立之於位。不問其類也朱子曰。這執中與子莫執中不同。湯只是事事恰好。無過不及而已。○慶源輔氏曰。執中則處義精審。立賢無方。則用人無間。○雙峯饒氏曰。未應事以前。未發之中。如何執得。須是事到面前。方始量度何處是過。何處是不及。方可執而用之。是就事物上執。擇善

固執也。是就事物上擇而執之。若未執定這中。待事物來。便是執一。是子莫執中了

文王視民如傷。望道而未之見。而讀爲如古字通用

民已安矣。而視之猶若有傷。道已至矣。而望之猶若未見。聖人之愛民深而求道切如此。不自滿足。終日乾乾之心也。問以而爲如。亦有據乎。朱子曰。詩云。垂帶而厲。鄭箋而亦如也。此以而爲如也。春秋星隕如雨。左氏曰。與雨偕也。此以如爲而也。則其混讀而互用之久矣。○易乾卦九三爻辭云。君子終日乾乾。蔡氏曰。乾乾。行事不息也。○不顯亦臨。無射亦保。是文王望道如未見之事。又曰。望道而未之見。此句與上文視民如傷爲對。孟子之意曰。文王保民之至。而視之猶如傷。體道之極。而望之猶未見。其純而不已如是

武王不泄邇。不忘遠。

泄。狎也。邇者。人所易去聲下同狎而不泄。遠者。人所易忘而

不忘，德之盛，仁之至也。朱子曰：泄邇忘遠，此通人與事而言。泄字兼有親狎忽畧之意。○慶源輔氏曰：於人所易狎而不泄，則敬心常存；於人所易忘而不忘，則誠心不息。○雙峯饒氏曰：德之盛言不泄邇，仁之至言不忘遠。

周公思兼三王，以施四事；其有不合者，仰而思之，夜以繼日；幸而得之，坐以待旦。

三王：禹也，湯也，文、武也。四事，上四條之事也。時異勢殊，故其事或有所不合，思而得之，則其理初不異矣。坐以待旦，急於行也。○朱子曰：所舉四事，此必周公嘗如此說。○讀此一篇，使人心惕然而常存也。○南軒張氏曰：不合者，思而未得也。未得之思之，惟恐不得；既得之，行之惟恐不及也。凡井田、封建、取士、建官、禮樂、刑政，雖起於上世，而莫備於周，是皆周公心思之所經緯，本諸三王而達之者也。周公之心，此章發明至矣。

○潛室陳氏曰。斟酌三王之事而損益之。猶孔子之集大成。○雙峯饒氏曰。施此四者之事。事或有不可行。却當思其理。事雖不同。理却不相遠。故集註云其事或有不合。又來照上面一箇事字 ○此承上章言舜因歷叙群聖以繼之而各舉其一事。以見形甸反其憂勤惕厲之意。蓋天理之所以常存而人心之所以不死也。雲峯胡氏曰。朱子嘗曰。讀此章使人心惕然而常存。蓋聖人之所以爲聖人者。只是憂勤惕厲。須臾毫忽。不敢自逸。理無定在。惟勤則常存。心本活物。惟勤則不死。常人不能憂勤惕厲。故人欲肆而天理亡。身雖存而心已死。豈不大可哀哉。輔氏以爲周公皇皇汲汲不已之誠如此。學者苟能深體而默識之。則聖人之心與理昭昭。常存不死。而在吾心目之間矣。說常存不死四字意與集註異 程子曰。孟子所稱各因其一事而言。非謂武王不能執中立賢。湯却泄邇忘遠也。人謂各舉其盛。亦非也。聖人亦無不盛慶源輔氏曰。集

註恐人執孟子之言。而疑聖人於道互有得失。故發明如此。聖人造道之極。凡有所爲無不各極其至。豈容更以盛不盛言哉

○孟子曰。王者之迹熄而詩亡。詩亡然後春秋作

王者之迹熄。謂平王東遷而政教號令不及於天下也。詩亡。謂黍離降爲國風而雅亡也。詩王黍離註。申侯與犬戎攻宗周殺幽王於戲。晉文侯鄭武公迎太子宜臼於申而立之。是爲平王。以亂故徙居東都王城。於是王室之尊與諸侯無異其詩不能復雅。故貶之謂之王國之變風。○新安陳氏曰。平王以後。詩不入於大小雅。而儕爲十五國風。其事遂始載於春秋。而詩終乎此矣春秋魯史記之名。孔子因而筆削之始於魯隱公之元年。實平王之四十九年也。問黍離降爲國風。恐是夫子刪詩時降之。朱子曰。亦是他當時自如此。要識此詩便如周南召南。當初在豐鎬之時。其詩爲二南。後來在

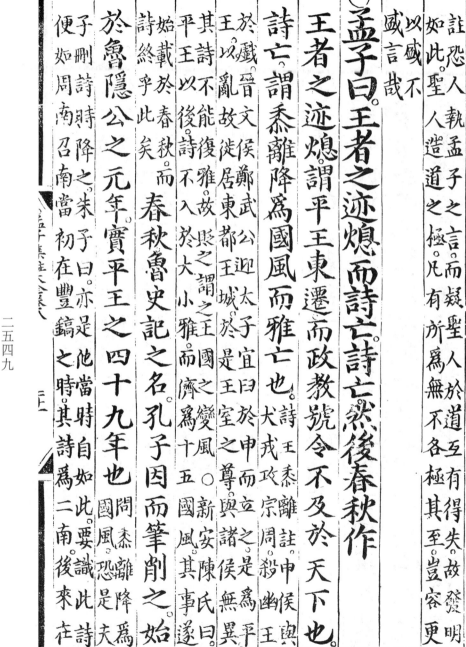

洛邑之時其詩爲黍離只是自二南進而爲二雅自二雅退而爲王風二南之於二雅便如登山到得黍離時節便是下坡了○緊要在王者之迹熄一句上蓋王者之政存則禮樂征伐自天子出故雅之詩自作於上以教天下王迹滅熄則禮樂征伐不自天子出故雅不復作於上而詩降爲國風是以孔子作春秋定天下之邪正爲百王之大法也○潛室陳氏曰雅詩多是王者朝會燕饗樂章或是公卿大臣規諫獻納之所作東遷以後朝廷既無制作公卿又無獻納故雅詩遂亡獨有民俗歌謠其體制聲節與列國之風同故止可謂之王風非聖人能降之也

晉之乘楚之檮杌魯之春秋一也乘去聲檮音逃杌音兀

乘義未詳趙氏以爲興於田賦乘馬之事或曰取記載當時行事而名之也檮杌惡獸名古者因以爲凶人之號取記惡垂戒之義也春秋者記事者必表年以首事

年有四時。故錯舉以爲所記之名也。新安陳氏曰。必表年以下出晉杜預所作左傳序文。錯。雜也。雜舉春秋二時以該四時也古者列國皆有史官掌記時事。此三者皆其所記冊書之名也。慶源輔氏曰。古人以善爲常。多不記載。以惡爲反常。故特記之。如堯典之末只載朱兜共鯀而已。以楚史記之名觀之。則楚雖蠻夷。猶有古人遺意。後世之人負大罪惡於身。而初不知愧恥。及有小善則佔佔自喜。以爲莫已若者。亦可哀已

其事則齊桓晉文。其文則史。孔子曰。其義則丘竊取之矣。春秋之時。五霸迭興。而桓文爲盛。史。史官也。竊取者。謙辭也。公羊傳去聲作其辭則丘有罪焉爾。意亦如此。蓋言斷丁亂反之在己。所謂筆則筆。削則削。游夏不能贊一辭者也。公羊傳昭公十二年。春秋之信史也。其序則齊桓晉文。其會則主會者爲之也。其辭則丘有罪焉爾

○史記孔子世家。孔子在位。聽訟文辭。有可與人共者。弗獨有也。至於爲春秋。筆則筆。削則削。子夏之徒不能贊一辭。

尹氏曰。言孔子作春秋。亦以史之文。載當時之事也。而其義則定天下之邪正。爲百王之大法。南軒張氏曰。春秋未經聖筆。則固魯之史耳。自其義理人有取焉。則史外傳心之要典。所以存天理。遏人欲。撥亂反正。示王者之法於將來者也。○蔡氏曰。其義蒙上文王者而言。蓋王者之義也。孔子有德無位。故自以爲竊取王者之義。而定二百四十二年之邪正。所謂爲百王不易之大法者也。○慶源輔氏曰。夫子之作春秋。不過以史之文。載當時之事而已。而其竊取之義。則在於定天下之邪正。爲百王之大法也。夫春秋之善善惡惡。撥亂世而反之正。上明四代之禮樂。下示百王之法程。聖人之用。備見此書。而夫子之言。則又謙抑如此。畧無自居其功之意。此孟子所以因而述之。以繼羣聖之後也。○雙峯饒氏曰。其文則史。元是魯史之春秋。其義則某竊取之。方是孔子之春秋。以匹夫行天子賞罰。故曰竊取。自咎自謙之辭○汪氏曰。史不止於晉楚。五霸不止於桓文。孟子唯及此者。晉楚爲列國之大者。桓文爲五霸之盛者也。○此又承上章歷叙羣聖。因以孔子之事繼之。而孔子之事莫大於春秋。故特言之。雙峯饒氏曰。此亦承上章思兼三王以施四事而言周公所行。皆王者之事。來到孔子時。王者之迹熄。故孔子出來作春秋。○新安陳氏曰。好辯章述羣聖事而繼以孔子作春秋。此章亦以作春秋繼羣聖事。不及易詩書禮樂者。孔子之事莫大於作春秋。五經。夫子之教。春秋。夫子之政也。○東陽許氏曰。以三國之史同言而曰一也。蓋謂魯之春秋。其所紀載。非周之典禮。善惡不明。不過記五霸之事。與晉楚之史同爾。至於孔子之春秋則假其事以明義。而非盡舊史之文。故曰其義則丘竊取之矣。如此看。方見得中間一節不閑

○孟子曰。君子之澤。五世而斬。小人之澤。五世而斬

澤。猶言流風餘韻也。父子相繼爲一世。三十年亦爲一世。斬。絶也。大約君子小人之澤。五世而絶也。楊氏曰。四

世而緦。音思服之窮也。五世袒音但免音問殺。所介反同姓也。六世親屬竭矣。記疏云。上自高祖下至己兄弟。同承高祖之後爲族兄弟。爲親兄弟期。一從兄弟大功。再從兄弟小功。三從兄弟緦麻。共四世而緦服盡也。五世則袒免而無正服。減殺同姓。六世則不復袒免。惟同姓而已。故親屬竭。袒身去飾也。袒免者。肉袒而著免。免狀如冠而廣一寸。冠至尊。不可居肉袒之體。故爲免以代之。又檀弓免焉註。以布廣一寸。從項上而前交於額上。又卻向後繞於髻。禮。朋友在他邦無主人乃袒免。若朋友在家。則弔服加麻。加麻者。素弁上加緦之環絰。然則袒免。亦朋友之服也。○新安陳氏曰。此禮記大傳全文。共高祖者爲三從兄弟。相爲服緦麻服制至此窮也。共高祖之父者爲五世。已無服。但不忍遽絕之。故襲不冠。爲之袒免冠以變其吉。同姓之恩。至此而減殺也。共高祖之祖者爲六世。則親盡矣。窮而殺。殺而竭不變吉可也。引此以證五世而斬。服窮則遺澤寖微。故五世而斬。南軒張氏曰。五世。大槩約度如此。自今觀之。孔子之澤。其所浸潛萬世不斬也。○慶源輔氏曰。流風。以風喻之也。餘韻。以

聲喻之也。父子五世經歷百五十年則君子小人之餘澤皆當絕也。五世則親盡服窮其澤亦當斬絕矣。蓋親也。服也。澤也。實相因也

予未得爲孔子徒也予私淑諸人也

私。猶竊也。淑。善也。李氏以爲方言是也。慶源輔氏曰。孟子又言私淑艾。而他無所見。故疑是方言人。謂子思之徒也。自孔子卒至孟子游梁時方百四十餘年。而孟子已老。然則孟子之生去孔子未百年也。故孟子言予雖未得親受業於孔子之門。然聖人之澤尚存。猶有能傳其學者。故我得聞孔子之道於人。而私竊以善其身。蓋推尊孔子而自謙之辭也。張子曰。孟子蓋謂孔子猶在五世之內。雖不親爲弟子。其餘澤在人。我得私取之以爲善。○雙峯饒氏曰。私淑艾者。

私竊其善於人以自治。私淑諸人者。我私取之以善其身。今人或把作教者說。謂以此私淑他人。非矣。道者天下所公共。師下私字不得。只弟子私竊取之以自善自治耳。○新安陳氏曰。私竊以善其身。解諸人字不順。不若云私竊其善於人。文意方順。○此又承上三章歷叙舜禹至於周孔。而以是終之。其辭雖謙。然其所以自任之重亦有不得而辭者矣。新安陳氏曰。韓子謂堯以是傳之舜。舜以是傳之禹。至孔子傳之孟軻。不待退之而後有此言。孟子已自言之矣。此四章相承是也。然猶分爲四章。答好辯章。明言以己承三聖。至七篇之末章。列叙群聖道統之相傳。而明言由孔子至於今百有餘歲。其自任之重。尤章章焉。孟子一身道統攸繫。蓋如是夫。

○孟子曰。可以取。可以無取。取傷廉。可以與。可以無與。與傷惠。可以死。可以無死。死傷勇。

先言可以者。略見而自許之辭也。後言可以無者。深察而自疑之辭也。過取固害於廉，然過與亦反害其惠，過死亦反害其勇。蓋過猶不及之意也。雙峯饒氏曰：傷廉與傷惠傷勇，是兩般意思。朱子所以上下箇固字，下面下兩箇反字。過取固傷廉，與本是惠，與之過則反害其惠；死本是勇，死之過則反害其勇。○新安陳氏曰：傷廉者，失之不及；傷惠傷勇者，失之太過。林氏曰：公西華受五秉之粟，是傷廉也；冉子與之，是傷惠也；子路之死於衛，是傷勇也。問：可以取，可以無取。程子曰：如朋友之饋，是可取也；然己自可足，是不可取也，纔取便傷廉矣。曰：與傷惠何害？曰：是有害於惠也。可以與，然却可以不與，若與之時，財或不贍，却於合當與者無可與之，此所以傷惠。○朱子曰：此段正與孔子曰再斯可矣相似。凡事初看尚未定，再察則已審矣，便用決斷始得。○問：取者貪之屬，不取者廉之屬，猶與之爲惠，不與之爲嗇，死之爲勇，不死之爲怯也。今以過取者爲傷廉，則宜以不與爲傷惠，不死爲傷勇矣，而反以與爲傷惠，死爲傷勇，何哉？曰：過取之傷廉，過於此而侵奪於彼者也。過與之傷惠。過死之傷勇。過於此而反病乎此者也。蓋奪乎彼者。其失爲易見。而病乎此者。其失爲難知。故孟子舉傷廉以例二者。是亦過猶不及之意耳。○問可以取取之傷廉。不難於擇矣。若可與不可與。可死不可死之間。不幸擇之不精者。與其吝。寧過與。與其苟生。寧就死。在學者則當平日極其窮理之功。庶於取舍死生之際。不難於精擇也。曰。此意極好。但孟子之意。却是恐人過予而輕死也。○南軒張氏曰。取與死生之義。有灼然易判者。有在可否之間者。在可否之間。非義精者莫能擇也。蓋其幾間不容髮。一或有偏。則失之矣。是以君子貴存養於平時。而復研幾於審處也。○王氏曰。六可以字。疑辭。三傷字。決辭。○新安陳氏曰。此章三節。乍看似平說。審察之。傷廉所以警中人以下之不及者。傷惠傷勇。所以警賢人之過之者也。

○逢蒙學射於羿。盡羿之道。思天下惟羿爲愈己。於是殺羿。孟子曰。是亦羿有罪焉。公明儀曰。宜若無罪焉。曰。薄乎云爾。惡得無罪。逢薄江反 惡平聲羿有窮后羿也。逢蒙羿之家衆也。羿善射。篡初患反夏自立。後爲家衆所殺。左傳襄公四年。羿將歸自田。家衆殺而烹之以食其子。子不忍食。死於窮

愈猶勝也。薄言其罪差楚宜反薄耳。

鄭人使子濯孺子侵衛。衛使庾公之斯追之。子濯孺子曰。今日我疾作。不可以執弓。吾死矣夫。問其僕曰。追我者誰也。其僕曰。庾公之斯也。曰。吾生矣。其僕曰。庾公之斯。衛之善射者也。夫子曰吾生。何謂也。曰。庾公之斯學射於尹公之他。尹公之他學射於我。夫尹公之他。端人也。其取友必端矣。庾公之斯至。曰。夫子何爲不執弓。曰。今日我疾作。不可以執弓。曰。小人學射於尹公之他。尹公之他學射於夫

子我不忍以夫子之道反害夫子。雖然，今日之事君事也，我不敢廢。抽矢扣輪，去其金，發乘矢而後反。他，徒何反。矣夫、夫尹之夫，並音扶。去，上聲。乘，去聲。

之，語助也。釋二人名中之字。僕，御也。尹公他亦衛人也。端，正也。孺子以尹公正人，知其取友必正，故度音鐸庾公必不害己。小人，庾公自稱也。金，鏃作木反也。扣輪出鏃，令平聲不害人，乃以射也。乘矢，四矢也。孟子言使羿如子濯孺子得尹公他而教之，則必無逢蒙之禍。然夷羿篡弒之賊，蒙乃逆儔。庾斯雖全私恩，亦廢公義。其事皆無足論者。孟子蓋特以取友而言耳。左傳襄公十四年，尹公他學射於庾公差，庾公差學射於公孫丁。孫文子使二子追衛獻公，公孫丁御公。庾公差曰：射爲背師，不射爲戮，射爲禮乎。射兩鉤而還。尹公他曰：子爲師，我則遠矣。乃反之。公孫丁授公轡而射之，貫臂。○程子曰：孺子事，孟子只取其不背師耳。若國之安危在此一舉，則殺之可也。今之而無害於國，權輕重可也。何用虛發四矢哉。○南軒張氏曰：使蒙爲夏廷之臣，羿篡夏氏，凡爲臣子得而誅之。蒙以義討賊，雖嘗學射，亦何罪之有？蒙以私意忌而殺之，是則爲殺其師耳。以此而觀，輕重之權衡可得而推矣。○雲峯胡氏曰：此章雖特以取友而言，然使世之背其師者讀之，亦當有泚。○東陽許氏曰：此章專爲交友發。羿不能取友而殺身，孺子能擇交而免禍。

○孟子曰：西子蒙不潔，則人皆掩鼻而過之。

西子，美婦人。蒙，猶冒也。不潔，汙穢之物也。掩鼻，惡去聲其臭也。

雖有惡人，齊戒沐浴，則可以祀上帝。齊側皆反惡人。醜貌者也○尹氏曰。此章戒人之喪去聲。善而勉人以自新也南軒張氏曰。齊桓一執陳轅濤塗。而春秋書曰齊人。蓋夷狄之也。其近於蒙不潔者歟。秦穆一有悔過之言。則進秦誓於書。以其有遷善之意也。其近於惡人齊沐者歟。一自汚而喪其美。一自新而洗其惡。勸戒彰矣○慶源輔氏曰。西子之質本美。而蒙以不潔。則自喪其美。而反致人之惡。言此所以戒人喪其本有之善。惡人之質本醜。而能齊戒沐浴。至誠自絜。則可以事上帝。言此所以勉人以改過自新。深玩尹氏之言。令人惕然而懼。聳然而作。○新安陳氏曰。此章似詩六義中之比。

○孟子曰。天下之言性也。則故而已矣。故者以利爲本性者人物所得以生之理也。故者其已然之跡。若所謂天下之故者也。易繫辭。易無思也。無爲也。寂然不動。感而遂通天下之故利。猶順也。語其自然之勢也。言事物之理雖若無形而難知然其發見形甸反之已然。則必有跡而易去聲見。如字故天下之言性者。但言其故而理自明。猶所謂善言天者必有驗於人也。荀子性惡篇云。善言天者。必有徵於人。○董仲舒曰。善言天者。必有徵於人。天道無形而難知。人事有迹而易見。然其所謂故者。又必本其自然之勢。如人之善。水之下。非有所矯揉人久反造作而然者也。若人之爲惡。水之在山。則非自然之故矣。朱子曰。性自是箇難言底物事。惟惻隱羞惡之類。却是已發見者。乃可得而言。此即性之故也。只看這箇便見得性。故集註下箇跡字。若四端則無不順利。若殘忍之非仁。無恥之非義。不遜之非禮。昏惑之非智。即故之不利者也。○利是不假人爲而自然者。如水之就下。是其性本就下。只是順他。若激之在山。是不順其性而以人爲之也。惟智者是知此理。不假人爲。順之而已。○南軒張氏曰。故者。本然之理也。無是理而強爲之曰鑿。鑿則失其性。所以惡夫智也。蓋以私智爲智。而非所謂智也。○慶源輔氏曰：性即理也。雖無形而難知，然不能不感發而形見於外。既已形見，則必有跡而易見。如人性之仁，雖難知，然見孺子入井，則發見而爲怵惕惻隱之跡，則仁之性自見也。○潛室陳氏曰：善惡皆已然之跡。但順者爲本，則善者其初也；惡者非其初也。水無有不下者，水之本也。若夫搏之使過顙，激之使在山，豈其本也哉？○雙峯饒氏曰：就故說性，亦要就跡之順者言之。如水之下便順，就逆者言不得。孟子說性，就自然上說。如惻隱羞惡等，但看自然發見底，便是利。言性便當言故，言故便當言利。如水搏之激之，便不是自然了。

所惡於智者，爲其鑿也。如智者若禹之行水也，則無惡於智矣。禹之行水也，行其所無事也。如智者亦行其所無事，則智亦大矣。惡、爲，皆去聲。

天下之理，本皆利順。小智之人，務爲穿鑿，所以失之。禹之行水，則因其自然之勢而導之，未嘗以私智穿鑿而有所事。是以水得其潤下去聲之性而不爲害也朱子曰。鑿於智者。非所謂以利爲本也。○慶源輔氏曰。人物所得之理本皆順理。無待於矯揉造作。於其間。却緣世人不明吾性之智。而以私意爲智。於是每事務爲穿鑿。而失其順利之理。○雲峯胡氏曰。孟子本欲言智。而必先言性者。智。五性之一也。言智而先言性。猶言水而先言水之原也。鑿字與利字相反。利者。天理之自然。鑿者。人爲之使然。言性而必本諸天理之自然者。所以言智而深惡夫人爲之使然者也。○新安陳氏曰。所惡於智者。小智也。無惡於智者。大智也。人性必善。水性必下。孟子素以水譬人性。故仍以禹行水譬之。禹之行水。順其自然之勢而導之。使水不失其本然趨下之性而已。智者順事物自然之理。以無事處事。使物各付物。斯爲大智。而非小智矣。此一節。以活水申言利字之意

天之高也。星辰之遠也。苟求其故。千歲之日至。可坐而致也。

天雖高，星辰雖遠，然求其已然之迹，則其運有常，雖千歲之久，其日至之度可坐而得。新安陳氏曰：此又以一天度申言故字之意。首一節故字，言本然之理；此一故字，言本然之度也。天高星遠，若因其本然之故而求之，則雖久年日南至之時刻，亦可以坐而推致以得之矣。況於事物之近，若因其故而求之，豈有不得其理者，而何以穿鑿爲哉。必言日至者，造歷者以上古十一月甲子朔夜半冬至爲歷元也。新唐書曆志：治曆之本，必推上元。日月如合璧，五星如連珠，夜半朔旦冬至。自此七曜散行，不復餘分普盡總會如初。○五代史司天考：夫天人之際，遠哉微矣。而使一藝之士，布筭積分，上求數千萬歲之前，必得甲子朔日夜半冬至，而日月五星皆會于子，謂之上元，以爲曆始。蓋自漢而後，其說始詳見于世，其源所自，止於如此，是果堯舜三代之法歟？皆不可得而考矣。然自是曆家之術，雖世多不同，而未始不本於此。○新安陳氏曰：夜半即甲子時，歲月日時皆甲子爲歷元。蓋以建寅月爲歲首筭之。則是癸亥歲十一月。以建子月爲一歲之最初筭之。則甲子歲之氣候已始於此、矣。故云歲亦甲子也。○程子曰。此章專爲智而發。愚謂事物之理。莫非自然。順而循之。則爲大智。若用小智而鑿以自私。則害於性而反爲不智。程子之言可謂深得此章之旨矣。朱子曰。此章其初只是性上泛說起。不是專說性。但謂天下之說性者。只說得故而已。如荀言性惡。揚言善惡混。但皆說得下面一截。皆不知所以謂之故者如何。不能以利爲本而然也。荀卿只是橫說如此。到底沒這道理不得。只就性惡篇謂塗之人皆可以爲禹。即此自可見故字。若不將已然之迹言之。則下文苟求其故之言。如何可推。曆家自今日推筭而上極於太古開闢之時。更無差錯。只爲有此已然之迹可以推測耳。天與星辰間或躔度少有差錯。久久自復其常。以利爲本。亦猶天與星辰循常度而行。苟不如此。皆鑿之謂也。○歐陽氏曰。天下之大智無所自爲。而常因天下之理。小智不知循理。而常任一己之私

○公行子有子之喪。右師往弔。入門有進而與右師言者。有就右師之位而與右師言者

公行子。齊大夫。右師。王驩也雙峯饒氏曰。行字當音杭。詩云。殊異乎公行。是主班行之官。以官爲氏

孟子不與右師言。右師不悅。曰。諸君子皆與驩言。孟子獨不與驩言。是簡驩也

簡畧也

孟子聞之。曰。禮。朝廷不歷位而相與言。不踰階而相揖也。我欲行禮。子敖以我爲簡。不亦異乎。朝音潮

是時齊卿大夫以君命弔。各有位次。若周禮凡有爵者

之喪禮。則職喪涖音利其禁令。序其事。故云朝廷也。周禮春官宗伯職喪。掌諸侯及卿大夫士凡有爵者之喪。以國之喪禮涖其禁令序其事。言諸侯者。謂畿內王子母弟稱諸侯者。歷。更平聲涉也。位。他人之位也。右師未就位而進與之言。則右師歷己之位矣。右師已就位而就與之言。則已歷右師之位矣。孟子右師之位又不同階。孟子不敢失此禮。故不與右師言也。朱子曰。孟子鄙王驩而不與言。固是。然朝禮既然。則當時雖不鄙之。亦不得與之言矣。鄙王驩於出弔處已見此章意。則以朝廷之禮爲重。時事不同。理各有當。○聖賢之言無所苟也。豈爲愧衆人爲已甚而姑以是答之哉。正所以明朝廷之禮。而警衆人之失也。○問陳司敗譏孔子有黨。孔子受之不辭。右師以孟子簡己。孟子辨之甚力。聖賢地位。固不同也。使孟子聞右師言曰禮也足矣。無已而曰朝廷不歷位而相與言。不踰階而相揖。則已微見圭角矣。又必盡其辭。所以鋒芒發露而不及孔子之渾然也。○南軒張氏曰。衆與之言。以其變於君而諂之也。右師以孟子爲簡己者。以孟子時所尊敬。欲假其辭色以爲榮也。君子之遠小人。不惡而嚴。豈有他哉。亦曰禮而已矣

○孟子曰。君子所以異於人者。以其存心也。君子以仁存心。以禮存心

以仁禮存心。言以是存於心而不忘也。問我本有此仁禮。只要常存而不忘否。朱子曰。非也。言君子所以異於小人者。以其存心不同耳。君子則以仁以禮而存之於心。小人則以不仁不禮而存之於心。這箇存心與存其心養其性不同。只是處心與人不同耳。○慶源輔氏曰。以仁存心而不忘。如造次顛沛必於是也。以禮存心而不忘。如視聽言動必以禮也。○雙峯饒氏曰。以是存於心。於字便可見孟子意。是只把仁禮來存於我心。此心常在仁禮上無頃刻或離。君子異於人。以其能以仁禮存於心。他人便不能。我之心安頓在仁上。即是居天下之廣居。安頓在禮上。即是立天下之正位

仁者愛人有禮者敬人

此仁禮之施慶源輔氏曰由乎內以施外也

愛人者人恒愛之敬人者人恒敬之

此仁禮之驗新安陳氏曰我感而人應可驗我之得人不應可驗我之失驗字包含下文必不仁必無禮之意矣

有人於此其待我以橫逆則君子必自反也我必不仁也必無禮也此物奚宜至哉橫去聲下同

橫逆謂強暴不順理也物事也慶源輔氏曰強暴橫也不順理逆也○雙峯饒氏曰集註云強暴不順理順理是順箇文理橫是橫來逆是倒來皆是不順箇文理○新安陳氏曰橫逆者愛敬之反

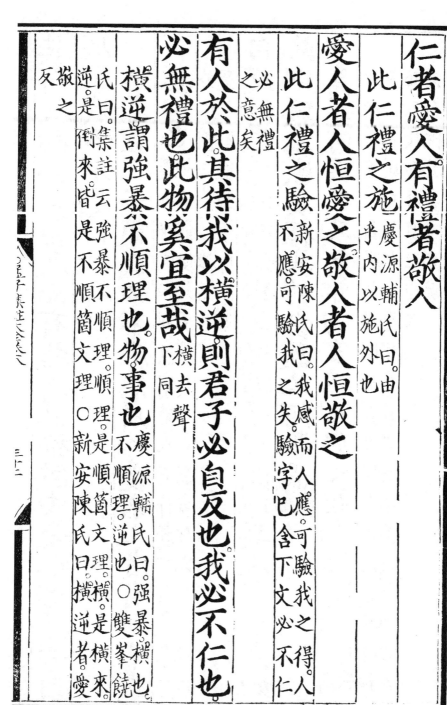

其自反而仁矣。自反而有禮矣。其橫逆由是也。君子必自反也。我必不忠。由與猶同，下放此

忠者盡己之謂。我必不忠。恐所以愛敬人者有所不盡其心也。慶源輔氏曰。理無窮盡。人有作輟。一息不存。一物不體。便是不盡其心。○新安陳氏曰。忠非出於仁禮之外。仁禮無一毫之不盡其心。即忠也。

自反而忠矣。其橫逆由是也。君子曰。此亦妄人也已矣。如此則與禽獸奚擇哉。於禽獸又何難焉。難，去聲

奚擇何異也。又何難焉言不足與之校也。校音教○南軒張氏曰。雖非所患難。然自反之功則無窮也。學者未勉乎此。遇橫逆之來。則曰吾仁矣。有禮矣。且忠矣。遂斷彼以爲妄人。而不復勉反身之道。是則自陷於妄而已矣

是故君子有終身之憂，無一朝之患也。乃若所憂則有之。舜人也，我亦人也。舜爲法於天下，可傳於後世，我由未免爲鄉人也，是則可憂也。憂之如何？如舜而已矣。若夫君子所患則亡矣。非仁無爲也，非禮無行也。如有一朝之患，則君子不患矣。夫音扶

鄉人，鄉里之常人也。君子存心不苟。趙氏曰。集註不苟二字不可淺看。心一不仁。而不自覺。不自强。便是苟且也○新安陳氏曰。存心照應前存心。不苟即患也。四字收拾約而盡故無後憂。朱子曰。古聖人多矣。獨言舜爲法於天下。何也。法者。人倫而已。他聖人因其常而處之不失。未足見人道之盡。惟舜極其變而不失其常。是以人道之盡於此。固可見焉。故特舉舜而言之。然其所謂法舜。亦循乎天則而已○問楊氏謂孟子三自反。不若顏子之不校。信乎。曰。自反。所以自脩。學者事也。不校。不見可校

成德事也。淺深之分，信如楊氏之說矣。然自反之說，謹嚴精切，正學者所當用力。若自反未至，而遽以不校爲高，恐其無脩省之功，而隔於苟且頹墮之域矣。○新安陳氏曰：前曰以仁存心，以禮存心；末曰非仁無爲，非禮無行。存，謂存之於心；爲與行，謂行之於身。表裏一矣。存之於心者有素，而行之於身者益盡，豈惟無一朝之患者本於此，所以懷終身之憂而欲如舜者，亦不過勉於此而已。何也？舜所以爲舜，亦不外此仁禮也。特舜則安而行之，欲如舜者，則在乎勉而行之耳。

○禹稷當平世，三過其門而不入，孔子賢之。

事見形甸反前篇。問：過門不入，若家有父母，豈可不入？朱子曰：固是。然事亦須量箇緩急。若只是泛泛底水，未便傾國覆都，過家見父母亦不妨。若洪水之患甚急，有傾國覆都、君父危急之災，也只得奔君父之急，雖不過家見父母亦不妨也。○雙峯饒氏曰：禹三過其門，稷是帶說。○新安陳氏曰：賢其用世而憂民之憂。

顏子當亂世。居於陋巷。簞食。瓢飲。人不堪其憂。顏子不改其樂。孔子賢之。食音嗣 樂音洛

新安陳氏曰。賢其避世而樂己之樂。

孟子曰。禹稷顏回同道

聖賢之道。進則救民。退則脩己。其心一而已矣 慶源輔氏曰。道則以其所行言之也。心則以其所在言之也。救民者。脩己之驗。脩己者。救民之本。有是心。則有是道。有是本。則有是驗

禹思天下有溺者。由己溺之也。稷思天下有飢者。由己飢之也。是以如是其急也 由與猶同

禹稷身任其職。故以爲己責而救之急也

禹稷顏子易地則皆然

聖賢之心。無所偏倚。大本之中隨感而應。各盡其道。時中之中故使禹稷居顏子之地。則亦能樂顏子之樂。使顏子居禹稷之任。新安陳氏曰。禹稷有官守。故曰任。顏子居陋巷。故曰地亦能憂禹稷之憂也。慶源輔氏曰。聖賢之心。其本然之體。無所偏倚。此其所謂中者天下之大本也。然不能不感於物。故隨感而應。有可喜之事感。則喜心便應。有可怒之事感。則怒心便應。如進則便須救民。退則便須脩己。皆吾大本中自然之理。無或過。無或不及。各盡其道。此其所謂和者天下之達道也。如是。故使禹稷居顏子之地。亦能樂顏子之樂。使顏子居禹稷之任。亦能憂禹稷之憂。同一大本。同一達道故也

今有同室之人鬭者。救之。雖被髮纓冠而救之可也

不暇束髮而結纓往救。新安陳氏曰。遇沐不服束髮。冒冠於所被髮上。結纓而往救

言急也以喻禹稷

鄉鄰有鬬者被髮纓冠而往救之則惑也雖閉戶可也

喻顏子也○此章言聖賢心無不同事則所遭或異然處上聲之各當其理是乃所以爲同也尹氏曰當其可之謂時前聖後聖其心一也故所遇皆盡善程子曰君子而時中若三過其門而不入在禹稷之時爲中如居陋巷則非中矣居陋巷在顏子之時爲中如三過其門而不入則非中矣○南軒張氏曰顏子未見其施爲遽比之禹稷不已過乎殊不知禹稷之事功何所自德者本也事功末也本末一致也故程子曰有顏子之德則有禹稷之事功事功在聖賢惟其時而已若墨之兼愛楊之爲我皆不知天理之時中而妄意以守一偏故如此蓋墨氏終身纓冠以求救天下之鬬楊氏則坐視同室之鬬而不顧者其賊道豈不甚哉是則人欲而已矣○慶源輔氏曰集註章旨所謂聖賢之心無不同一本也事則所遭或

異。萬殊也。然處之各當其理。是乃所以爲同者。所謂萬殊一本。吾道一以貫之也。又曰。事雖萬殊。心一以貫。則凡所以語默云爲。達道也。皆時中也。

○公都子曰。匡章通國皆稱不孝焉。夫子與之遊。又從而禮貌之。敢問何也。

匡章。齊人。通國。盡一國之人也。禮貌。敬之也。

孟子曰。世俗所謂不孝者五。惰其四肢。不顧父母之養。一不孝也。博奕好飲酒。不顧父母之養。二不孝也。好貨財。私妻子。不顧父母之養。三不孝也。從耳目之欲。以爲父母戮。四不孝也。好勇鬭狠。以危父母。五不孝也。章子有一於是乎。

好養從皆去聲。狠胡懇反。

戮羞辱也。狠忿戾也。新安陳氏曰。五不孝之序。從輕漸說至重

夫章子。子父責善而不相遇也

遇。合也。相責以善而不相合。故爲父所逐也。雙峯饒氏曰。章子得罪於父。與其他得罪不同。章子但不合責善於父。故出妻屛子以示不安之意。先說子父責善。是言子責父之善。下說父子。是泛言

責善。朋友之道也。父子責善。賊恩之大者

賊。害也。朋友當相責以善。父子行之。則害天性之恩也。孝經云。父子之道。天性也。

夫章子。豈不欲有夫妻子母之屬哉。爲得罪於父。不得近。

出妻屛子。終身不養焉。其設心以爲不若是。是則罪之大

者。是則章子已矣夫章之夫音扶爲去聲屛必井反又必正反養去聲

言章子非不欲身有夫妻之配子有子母之屬新安陳氏曰此屬字即天屬家屬之屬本文總夫妻子母而言集註分說故以配字對屬字但爲身不得近於父。故不敢受妻子之養以自責罰其心以爲不如此則其罪益大也○此章之旨於衆所惡去聲而必察焉可以見聖賢至公至仁之心矣慶源輔氏曰至公則無私蔽於己至仁則不忍苛責於人○新安陳氏曰不徇衆見至公也不輕與絕至仁也楊氏曰章子之行去聲孟子非取之也特哀其志而不與之絕耳朱子曰孟子之於匡章蓋憐之耳非取其孝也據章所爲因責善於父而不相遇遂爲父所逐雖是父不是己是然便至如此出妻屛子終身不養則豈得爲孝故孟子言父子責善賊恩之大者此便是責之以不孝也但其不孝之罪未至於可絕之地爾然

當時人則遂以爲不孝而絕之。故孟子舉世俗之不孝者五以曉之。若如此五者，則誠在所絕爾。後世因孟子不絕之，則又欲盡雪章之不孝而以爲孝，此皆不公不正，倚於一偏。必若孟子所處，然後可以見聖賢至公至仁之心矣。○南軒張氏曰：章本心亦欲父之爲善耳，乃或過於辭色，致父之怒，後又不敢安於妻子之養以深自咎責，則章亦可哀者。若章得罪而不知懼，則是終以忿戾之氣行乎其間而可罪矣。○雙峯饒氏曰：章資質自好，但無學力，雖知愛父而不知愛父之道。既得見孟子，必教他回父之意，未必止於此。章子通國稱其不孝，仲子通國稱其廉，孟子於此二人，所謂衆惡之必察焉，衆好之必察焉。○新安陳氏曰：父子間所以不責善，而惟朋友當責善者，蓋朋友以義合，責善而不從則交可絕；父子以天合，責善而不相遇，則賊恩而將至於離故也。然責善既不可，則從父之令乎？曰：聖賢自有成規，幾諫之章、內則與幾諫相表裏之言皆是也。舜事瞽瞍，能致底豫，特患不能如舜耳。若章之出妻屏子，非徒自咎責於己，亦將以感動於父，子不安而父安焉，其執拗亦可想矣。章既失之初，使能如舜之事親，豈不能回之於後？惜無以考其終何如也。

○曾子居武城，有越寇。或曰：寇至，盍去諸？曰：無寓人於我室，毀傷其薪木。寇退，則曰：脩我牆屋，我將反。寇退，曾子反。左右曰：待先生如此其忠且敬也，寇至則先去以爲民望，寇退則反，殆於不可。沈猶行曰：是非汝所知也。昔沈猶有負芻之禍，從先生者七十人，未有與焉。與去聲

武城，魯邑名。盍，何不也。左右，曾子之門人也。忠敬，言武城之大夫事曾子忠誠恭敬也。爲民望，言使民望而效之。沈猶行，弟子姓名也。言曾子嘗舍於沈猶氏，時有負芻者作亂，來攻沈猶氏，曾子率其弟子去之，不與其難。去聲言師賓不與臣同

子思居於衛，有齊寇。或曰：「寇至，盍去諸？」子思曰：「如伋去，君誰與守？」

言所以不去之意如此。子思時仕於衛。

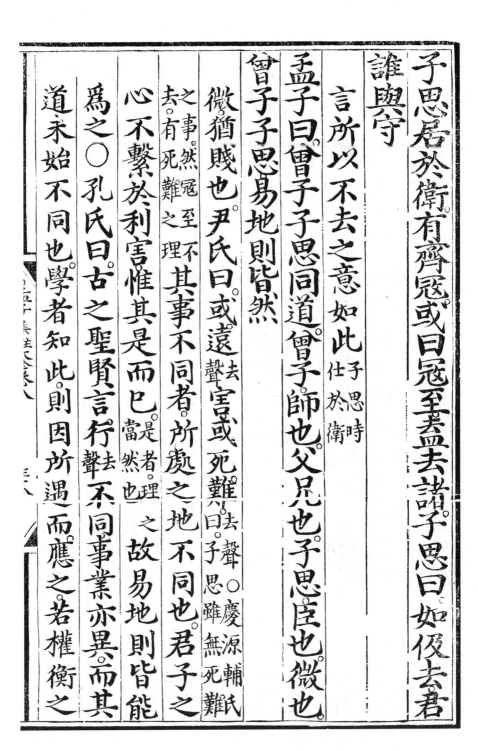

孟子曰：「曾子、子思同道。曾子，師也，父兄也；子思，臣也，微也。曾子、子思易地則皆然。」

微，猶賤也。尹氏曰：或遠去聲害，或死難，去聲。○慶源輔氏曰：子思雖無死難之事，然寇至不去，有死難之理。其事不同者，所處之地不同也。君子之心不繫於利害，惟其是而已。是者，理之當然也。故易地則皆能爲之。○孔氏曰：古之聖賢，言行去聲不同，事業亦異，而其道未始不同也。學者知此，則因所遇而應之，若權衡之稱去聲物低昂屢變而不害其爲同也。南軒張氏曰。君子不避難。亦不入於難。惟當夫理而已。於不當避而避焉。固私也。於不當預而預。乃勇於就難。是亦私而已矣。夫曾子師也。父兄也。師之尊與父兄之義同。以師道居。則寇至而去之。寇退而反。無預其難。在師之義當然也。子思臣也。微也。委質以服君之事。有難而可逃之乎。與君同守而不去。則爲臣之義當然也。從容乎理之所當然。曾子子思何殊哉。故曰。易地則皆然。以天理之時中一而已。

○儲子曰。王使人瞯夫子。果有異於人乎。孟子曰。何以異於人哉。堯舜與人同耳。瞯古莧反

儲子。齊人也。瞯。竊視也。聖人亦人耳。豈有異於人哉。新安陳氏曰。孟子因有以異於人乎之問。而答之曰我何以異於人哉。雖堯舜亦與人同耳。集註謂聖人亦人耳。豈有異於人哉。乃是釋堯舜與人同耳一句。與孟子元文何以異於人哉所指不同矣。堯舜所以與人同者。非但

形體之同。其性善本與人不異。惟聖人能盡其性。常人每汩其性。於是常人與聖人始懸絕耳。堯舜與人同之說。與人皆可以爲堯舜之說。實相表裏。但其意包涵而未盡。使儲子再問難。孟子必傾倒盡發之矣

○齊人有一妻一妾而處室者。其良人出。則必饜酒肉而後反。其妻問所與飲食者。則盡富貴也。其妻告其妾曰。良人出。則必饜酒肉而後反。問其與飲食者。盡富貴也。而未嘗有顯者來。吾將瞯良人之所之也。蚤起。施從良人之所之。徧國中無與立談者。卒之東郭墦間之祭者。乞其餘。不足。又顧而之他。此其爲饜足之道也。其妻歸告其妾曰。良人者。所仰望而終身也。今若此。與其妾訕其良人。而相泣於中庭。而良人未之知也。施施從外來。驕其妻妾。施音迤又音異

墦音燔。施施如字

章首當有孟子曰字。闕文也。良人。夫也。饜。飽也。顯者富貴人也。施。邪施而行。不使良人知也。墦。冢也。顧。望也。訕怨詈力智反也。施施。喜悅自得之貌

由君子觀之則人之所以求富貴利達者其妻妾不羞也而不相泣者幾希矣

孟子言自君子而觀今之求富貴者。皆若此人耳。使其妻妾見之不羞而泣者少矣。言可羞之甚也。○趙氏曰。言今之求富貴者。皆以枉曲之道昏夜乞哀以求之。而以驕人於白日。與斯人何以異哉南軒張氏曰。孟子意在齊適見此事。以爲

與世之求富貴者無異。故載之。驕妻妾者，徒知以得爲貴，而不知所以得之者可賤也。妻妾知其可賤而已，不知爲欲所蔽故耳。○勉齋黃氏曰：此章形容苟賤之態，殊可賤惡。然流俗滔滔，務爲卑諂，無所不至。搖尾乞憐，自少至老，無一念不在是。未得則愁憂窮蹙，志氣薾然，甘於不勝其小。既苟得，則志得意滿，驕親戚，傲閭里，哆然自視不勝其大。可賤甚於乞墦而莫之覺也。學者深明義利之辨，充吾羞惡之心，而養吾剛大之氣，然後知孟子此言，誠末俗之箴砭也。

孟子集註大全卷之八

孟子集註大全卷之九

萬章章句上

凡九章

萬章問曰。舜往于田。號泣于旻天。何爲其號泣也。孟子曰。怨慕也。號平聲

舜往于田。耕歷山時也。仁覆敷救反閔下謂之旻天。號泣于旻天。呼去聲下同天而泣也。事見形甸反虞書大禹謨篇。書曰。帝初于歷山。往于田。日號泣于旻天。于父母。怨慕。怨己之不得其親而思慕也。慶源輔氏曰。父慈子孝。理之常也。何有於怨慕。唯遭事之變。故深思其所以不得於親之故。而自怨咎其在我者有何罪戾而致然。又思慕於親無頃刻忘。必欲得親之歡心而後已。此所謂怨慕也。○新安陳氏曰。怨

慕二字真得舜之心。亦包盡一章之意。怨。非怨親。怨己之不得乎親也。慕。則念念不忘而思其親也。惟順於父母可以解憂以上。言怨也。人少則慕父母以下。言慕也

萬章曰。父母愛之。喜而不忘。父母惡之。勞而不怨。然則舜怨乎。曰。長息問於公明高曰。舜往于田。則吾既得聞命矣。號泣于旻天。于父母。則吾不知也。公明高曰。是非爾所知也。夫公明高以孝子之心。爲不若是恝。我竭力耕田。共爲子職而已矣。父母之不我愛。於我何哉。惡。去聲。夫。音扶。恝。苦八反。共。平聲

長息。公明高弟子。公明高。曾子弟子。于父母。亦書辭。言呼父母而泣也。恝。無愁之貌。新安陳氏曰。孟子推明公明高之意。以爲孝子之心既不得乎親。必不若是之恝然無愁也。於我何哉。自責不知己有何罪耳。

非怨父母也。楊氏曰。非孟子深知舜之心。不能爲此言。蓋舜惟恐不順於父母。未嘗自以爲孝也。若自以爲孝。則非孝矣

帝使其子九男二女。百官牛羊倉廩備。以事舜於畎畝之中。天下之士多就之者。帝將胥天下而遷之焉。爲不順於父母。如窮人無所歸。爲去聲

帝。堯也。史記云。二女妻去聲之。以觀其內。觀其齊家九男事之。以觀其外。觀其治外。○史記五帝紀。舜年二十以孝聞。三十而帝堯問可用者。四岳咸薦虞舜曰可。於是堯乃以二女妻舜以觀其內。使九男與處以觀其外。舜居嬀汭。內行彌謹。堯二女不敢以貴驕事舜親戚。甚有婦道。堯九男皆益篤。○朱子曰。二女。娥皇女英也。蓋夫婦之間。隱微之際。正始之道。所繫尤重。故觀人者

於此爲尤切○雙峯饒氏曰觀者衆人之所共見以天子二女來處頑嚚傲之間看他如何處置二女和則是處置得是九男皆帝子亦難處若處之得其道亦自安百官只是百司如後世典籤消人之類又言一年所居成聚廣雅云聚居也音慈喻反二年成邑三年成都是天下之士就之也胥相去聲視也遷之移以與之也如窮人之無所歸言其怨慕迫切之甚也雲峯胡氏曰如窮人無所歸六字譬喻最形容得舜之情不得以自達身不得以自安心不得以自釋其爲怨慕迫切之甚可知

天下之士悅之人之所欲也而不足以解憂好色人之所欲妻帝之二女而不足以解憂富人之所欲富有天下而不足以解憂貴人之所欲貴爲天子而不足以解憂人悅之好色富貴無足以解憂者惟順於父母可以解憂

孟子推舜之心如此。以解上文之意。極天下之欲不足以解憂。而惟順於父母可以解憂。孟子真知舜之心哉。慶源輔氏曰。上文是說舜之實事。此又孟子推述舜之心以解上文之意。言舜之心事實有如此者耳。舉天下之所欲不足以解憂者。所性不存焉故也。惟順於父母可以解憂者。性之不可離。而亦不可以不盡也

人少則慕父母。知好色則慕少艾。有妻子則慕妻子。仕則慕君。不得於君則熱中。大孝終身慕父母。五十而慕者。予於大舜見之矣。少好皆去聲

言常人之情因物有遷。釋人少至熱中惟聖人爲能不失其本心也。釋終身慕父母艾。美好也。楚詞戰國策所謂幼艾。義與此同。楚辭九歌大司命篇。竦長劍兮擁幼艾。蓀獨宜兮爲民正。竦息拱反○戰國策趙孝成王篇。公子魏牟過

趙。趙王迎之。顧反至坐前有尺帛且令工人以爲冠。工見客來也。因避。趙王曰。願聞所以爲天下。魏牟曰。王能重王之國若此尺帛。則國大治矣。趙王不悅曰。寡人豈敢輕國若此。魏牟曰。請爲王說之。王有此尺帛。何不令前郎中以爲冠。王曰。郎中不知爲冠。魏牟曰。爲冠而敗之。奚虧於王之國。而王必待工而后乃使之。今爲天下之工或非也。社稷爲虛器。先王不血食。而王不以予工。乃與幼艾不得失意也。熱中躁急心熱也。言五十者。舜攝政時年五十也。五十而慕。則其終身慕可知矣○此章言舜不以得衆人之所欲爲己樂音洛而以不順乎親之心爲己憂。非聖人之盡性。其孰能之憂源輔氏曰。心纔有一毫物欲之累。而於其親有一毫之不順。則於吾固有之性便有不盡處。能盡其性。則能不失其本心而爲人倫之至也○西山眞氏曰。五十始衰。聖人純孝之心則不以老而衰。惟充極其天性之至孝而無一毫之不盡。所以能如此○雙峯饒氏曰。如孝便十分孝。弟便十分弟。忠便十分忠。皆是盡性。○新安陳氏曰：常人變於私情，所以汩其性；聖人無私情之累，所以盡其性。孟子言此，是以遏人欲擴天理也。

○萬章問曰：詩云：娶妻如之何？必告父母。信斯言也，宜莫如舜。舜之不告而娶，何也？孟子曰：告則不得娶。男女居室，人之大倫也。如告，則廢人之大倫，以懟父母，是以不告也。懟，直類反。

詩齊國風南山之篇也。信，誠也。誠如此詩之言也。懟，讎怨也。舜父頑母嚚，音銀。常欲害舜，告則不聽其娶，是廢人之大倫，以讎怨於父母也。東陽許氏曰：懟父母，言人之常情也。爲廢大倫，則雖子亦不免有讎怨父母之心。舜固非懟父母者，然告則必廢大倫，故不告也。此聖人善處變事處。

萬章曰舜之不告而娶則吾既得聞命矣帝之妻舜而不告何也曰帝亦知告焉則不得妻也妻去聲

以女爲人妻如字曰妻去聲下同程子曰堯妻舜而不告者以君治之而已如今之官府治民之私者亦多慶源輔氏曰謂以君命治之不容瞽瞍之不聽也官府治民之私或有理法當然而牽於私不肯然者則官司以法治之必使之然也

萬章曰父母使舜完廩捐階瞽瞍焚廩使浚井出從而揜之象曰謨蓋都君咸我績牛羊父母倉廩父母干戈朕琴朕弤朕二嫂使治朕棲象往入舜宮舜在牀琴象曰鬱陶思君爾忸怩舜曰惟茲臣庶汝其于予治不識舜不知象

之將殺己與曰奚而不知也象憂亦憂象喜亦喜弦都禮反怛女六反怩音尼與平聲

完治也補全之捐去上聲也階梯也揜蓋也按史記曰使舜上時掌反塗廩瞽瞍從下縱火焚廩舜乃以兩笠自捍音汗而下去得不死後又使舜穿井舜穿井為匿空音孔旁出匿空隱匿之孔穴也舜既入深瞽瞍與象共下土實井舜從匿空中出去即其事也象舜異母弟也謨謀也蓋蓋井也舜所居三年成都故謂之都君咸皆也績功也舜既入井象不知舜已出欲以殺舜為己功也干盾樹尹反也戈戟也周禮掌五兵五楯鄭云五楯干櫓之屬禮圖云今之三鋒戟也內長四寸半胡長六寸以其與戈相類故

云戈戟也琴舜所彈五弦琴也弤琱丁聊反弓也通鑑外紀云舜彈五弦之琴歌南風之詩琱弓漆赤弓尚書彤弓是也象欲以舜之牛羊倉廩與父母而自取此物也二嫂堯二女也棲牀也象欲使爲己妻也象往舜宮欲分取所有見舜生在牀彈琴蓋旣出即潛歸其宮也鬱陶思之甚而氣不得伸也象言己思君之甚故來見爾忸怩慙色也臣庶謂其百官也象素憎舜不至其宮故舜見其來而喜使之治其臣庶也孟子言舜非不知其將殺己但見其憂則憂見其喜則喜兄弟之情自有所不能已耳萬章所言其有無不可知然舜之心則孟子有以知之矣他亦不足辨也程子曰象

憂亦憂。象喜亦喜。人情天理。於是爲至。程子曰。萬章言舜完廩浚井之說。恐未必有此事。論其理而已。堯在上而使百官事舜於畎畝之中。豈容象得以殺兄。而使二嫂治其棲乎。學孟子者。以意逆志可也。○南軒張氏曰。象之憂疾舜而謀害之也。舜亦憂者。憂己何以使象至此也。象之喜者。彼云思君而以喜來。舜固不逆其詐。亦從而爲之喜也。憂也亦憂。喜也亦喜。是其心與之爲一。親之愛之。不知其他。此仁人之於弟。天理人情之至也。象憂而舜漠然不以爲憂。象喜而舜疑之。不以爲喜。則在我之誠先不萬矣。豈聖人之心也哉。○慶源輔氏曰。象日以殺舜爲事。肆人欲以絕兄弟之情者也。象憂亦憂。象喜亦喜。順天理以見兄弟之情者也。象之人欲雖熾。舜之天理常存。卒之象不格姦而源源以來。則舜之天理化其人欲而消之矣。○西山眞氏曰。象欲殺舜。其迹甚明。舜豈不知。然見其憂則憂。見其喜則喜。畧無一毫芥蔕於其中。後世骨肉之間小有疑隙。則嫌猜萬端。惟恐發之不早。除之不亟。至此然後知聖人之心與天同量也。世儒不疑堯在上。二女嬪虞。象無敢殺舜之理。不知孟子但論舜之心使其有是。處之不過如此。豈必眞有是哉。○雙峯饒氏曰。完廩浚井事儻無。則不告而娶亦焉知其非無。孟子於此不辨。下章咸丘蒙之問。孟子却責之。蓋下章是說舜身上事。舜爲天子。不受堯與瞽瞍之朝。此決然之理。此章說象與瞽瞍之事。容或有之。是以不辨。大凡看書且看大意。如前章重在爲不順於父母。如窮人無所歸兩句。此章重在象憂亦憂象喜亦喜兩句

曰。然則舜僞喜者與。曰。否。昔者有饋生魚於鄭子産。子産使校人畜之池。校人烹之。反命曰。始舍之。圉圉焉。少則洋洋焉。攸然而逝。子産曰。得其所哉。得其所哉。校人出。曰。孰謂子産智。予既烹而食之。曰。得其所哉。得其所哉。故君子可欺以其方。難罔以非其道。彼以愛兄之道來。故誠信而喜之。奚僞焉。與平聲。校音效。又音教。畜許六反

校人。主池沼小吏也。圉圉。困而未紓音舒之貌。洋洋則稍

縱矣攸然而逝者自得而遠去也方亦道也罔蒙蔽也欺以其方謂誑古况反之以理之所有罔以非其道謂昧之以理之所無象以愛兄之道來所謂欺之以其方也舜本不知其僞故實喜之何僞之有○此章又言舜遭人倫之變而不失天理之常也新安陳氏曰不失天理之常則終可以回人倫之變矣不格姦底豫之餘人倫豈終變也哉○東陽許氏曰魚入水有悠然而逝之理弟有思兄鬱陶之理故子產與舜皆信之舜之愛弟自天性况象又以愛兄之道來感之乎

○萬章問曰象日以殺舜爲事立爲天子則放之何也孟子曰封之也或曰放焉

放猶置也置之於此使不得去也萬章疑舜何不誅之

孟子言舜實封之。而或者誤以爲放也

萬章曰。舜流共工于幽州。放驩兜于崇山。殺三苗于三危。殛鯀于羽山。四罪而天下咸服。誅不仁也。象至不仁。封之有庳。有庳之人奚罪焉。仁人固如是乎。在他人則誅之。在弟則封之。曰。仁人之於弟也。不藏怒焉。不宿怨焉。親愛之而已矣。親之欲其貴也。愛之欲其富也。封之有庳。富貴之也。身爲天子。弟爲匹夫。可謂親愛之乎庳音鼻

流。徙也。共音恭工。官名。驩兜。人名。二人比毗至反周。相與爲黨。三苗。國名。負固不服。殺。殺其君也。殛。誅也。鯀。禹父名。方命圮部鄙反族。治水無功。新安倪氏曰。方命圮族。見書堯典篇。方命者。逆上命而不

行也。圯敗族類。言與衆不和。傷人害物也。皆不仁之人也。幽州。崇山。三危。羽山。有庳。皆地名也。趙氏曰。幽州。北裔之地。舜分冀北爲幽州。崇山。南裔之山。在今澧州慈利縣。三危。西裔之地。禹貢在雍州。或以爲燉煌。未詳。羽山。東裔之山。在今海州朐山縣。或曰。今道州鼻亭。即有庳之地也。未知是否。漢書顏師古註云。有庳在零陵。今鼻亭是也。

萬章疑舜不當封象。使彼有庳之民無罪而遭象之虐。非仁人之心也。藏怒。謂藏匿其怒。宿怨。謂留蓄其怨。雙峯饒氏曰。仁人之於弟。雖有怒。亦不藏之。雖有怨。亦不留之。少間便釋然。親之欲其親近於我。貴之是也。愛之欲其得遂所欲。富之是也。

敢問或曰放者。何謂也。曰。象不得有爲於其國。天子使吏治其國而納其貢稅焉。故謂之放。豈得暴彼民哉。雖然。欲常常而見之。故源源而來。不及貢。以政接于有庳。此之謂也。

孟子言象雖封爲有庳之君。然不得治其國。天子使吏代之治。而納其所收之貢稅於象。有似於放。故或者以爲放也。蓋象至不仁。處（上聲）之如此。則既不失吾親愛之心。而彼亦不得虐有庳之民也。源源。若水之相繼也。來。謂來朝（音潮下同）覲也。不及貢以政接于有庳。謂不待及諸侯朝貢之期。而以政事接見有庳之君。蓋古書之辭。（新安陳氏曰。以此之謂也四字觀之。知其爲古書之辭）而孟子引以證源源而來之意。見（形甸反）其親愛之無已如此也。○吳氏曰。言聖人不以公義廢私恩，亦不以私恩害公義。舜之於象，仁之至，義之盡也。朱子曰：封之有庳，富貴之，是不以公義廢私恩，所以爲仁之至。使吏治其國，納貢賦，而不得肆暴，是不以私恩害公義，所以爲義之盡。後世如漢文之於淮南，景帝之於梁王，始則縱之太過，不得謂之仁；後又窘治之甚，不得謂之義，皆兩失之。○南軒張氏曰：舜之處象，可謂盡矣。象雖不道，而吾之弟也，仁人之於弟，親愛之而已矣。或曰：周公之於管蔡如之何？蓋管蔡挾武庚以叛，憂在廟社，尊在生民，周公爲國弭亂也。象之欲殺舜，其事在舜之身耳，固不同也。舜與周公易地則皆然，蓋其存心爲天理人情之至則一也。

○咸丘蒙問曰：語云：盛德之士，君不得而臣，父不得而子。舜南面而立，堯帥諸侯北面而朝之，瞽瞍亦北面而朝之。舜見瞽瞍，其容有蹙。孔子曰：於斯時也，天下殆哉，岌岌乎！不識此語誠然乎哉？孟子曰：否。此非君子之言，齊東野人

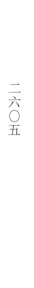

之語也。堯老而舜攝也。堯典曰。二十有八載放勳乃徂落。百姓如喪考妣。三年四海遏密八音。孔子曰。天無二日。民無二王。舜既爲天子矣。又帥天下諸侯以爲堯三年喪。是二天子矣。朝音潮岌魚及反

咸丘蒙。孟子弟子也。語者。古語也。蹙。顰蹙不自安也。岌岌。不安之貌也。言人倫乖亂。天下將危也。齊東。齊國之東鄙也。孟子言堯但老不治事。而舜攝天子之事耳。堯在時。舜未嘗即天子位。堯何由北面而朝乎。又引書及孔子之言以明之。堯典。虞書篇名。今此文乃見於見形甸反舜典。蓋古書二篇。或合爲一耳。言舜攝位二十八年而

堯死也。徂升也。落降也。人死則魂升而魄降。故古者謂死爲徂落。遏止也。密靜也。八音金石絲竹匏（蒲交反）土革木。（新安倪氏曰。金鐘也。石磬也。絲琴瑟也。竹簫管也。匏笙竽也。土塤也。革鼓也。木柷敔也。）樂器之音也。（南軒張氏曰。堯老而命舜攝天子之事。是則堯猶爲君而舜則臣也。堯崩舜率天下之臣民以爲堯三年喪。是猶以堯之事行於天下也。至於堯三年之喪畢。舜避堯之子。而天下獄訟謳歌歸之。不容舍焉。而後舜始踐天子位。此堯舜相繼之際。書傳所載莫詳焉。而不獨見於孟子之書也。○雙峯饒氏曰。百姓。是畿內百姓。如平章百姓。皆指畿內而言。古者天子崩。畿內百姓爲之斬衰期年之服。諸侯薨。國內百姓爲之斬衰皆期年也。周制百姓期年。今也百姓爲之三年。至於四海雖無服。亦遏密八音不作樂）

咸丘蒙曰。舜之不臣堯。則吾既得聞命矣。詩云普天之下。莫非王土。率土之濱。莫非王臣。而舜既爲天子矣。敢問瞽瞍之非臣如何。曰：是詩也，非是之謂也。勞於王事而不得養父母也。曰：此莫非王事，我獨賢勞也。故說詩者，不以文害辭，不以辭害志。以意逆志，是爲得之。如以辭而已矣，雲漢之詩曰：周餘黎民，靡有孑遺。信斯言也，是周無遺民也。

不臣堯，不以堯爲臣，使北面而朝也。詩，小雅北山之篇也。普，徧也。率，循也。此詩今毛氏序云：役使不均，己勞於王事而不得養去聲其父母焉。其詩下文亦云：大夫不均，我從事獨賢。乃作詩者自言天下皆王臣，何爲獨使我以賢才而勞苦乎？非謂天子可臣其父也。文，字也。辭，語也。逆，迎也。雲漢，大雅篇名也。孑，獨立之貌。遺，脫也。言說詩之法。不可以一字而害一句之義。不可以一句而害設辭之志。當以己意迎取作者之志。乃可得之。若但以其辭而已。則如雲漢所言。是周之民眞無遺種上聲矣。惟以意逆之。則知作詩者之志在於憂旱。而非眞無遺民也朱子曰。逆。是前去追迎之。意。將自家意思去前面等候詩人之志來。如等人來相似。今日等不來。明日又等。須等得來方得。今人却是硬捉他來。便不是逆志。所謂逆者。其至否遲速不敢自必。而聽於彼也。大抵讀書。須虛心平氣。優游玩味。徐觀聖賢立言本意所向如何。然後隨其遠近深淺輕重緩急而爲之說。庶乎可以得之。若便以吾先入之說橫於胸次。而驅率聖賢之言以從己意。設使義理可通。已涉私意穿鑿。而不免於郢書燕說之誚。況又義理窒礙。實有所不可行乎。○慶源輔氏曰。以文害辭。是泥一字之文。而害一句之辭也。以辭害意。是泥一句之辭。而害詩人設辭之意也。意。是己意。志。是詩人之志。以我之意。迎取詩人之志。然後可以得之孝子之至，莫大乎尊親；尊親之至，莫大乎以天下養。爲天子父，尊之至也；以天下養，養之至也。詩曰：「永言孝思，孝思維則。」此之謂也。養，去聲。

言瞽瞍既爲天子之父，則當享天下之養，此舜之所以爲尊親養親之至也。豈有使之北面而朝之理乎？詩大雅下武之篇，言人能長言孝思而不忘，則可以爲天下法則也。

慶源輔氏曰：上既言讀詩之法，以破萬章之惑，此又言尊親養親之至，以見舜無使父朝己之理。夫舜既爲天子，則瞽瞍實爲天子之父，備享四海九州之奉，而舜爲尊親養親之至矣。故引下武詩以詠歎之，以謂如舜者，然後可謂能長言孝思而爲天下法則者矣。豈有使其父北面而朝之理乎？○雙峯饒氏曰：尊親養親雖是二事，然尊與養相須，養之至乃所以尊之也。

書曰：「祗載見瞽瞍，夔夔齊栗，瞽瞍亦允若。」是為父不得而子也。見，音現。齊，側皆反。

書大禹謨篇也。祗，敬也。載，事也。夔夔齊栗，敬謹恐懼之貌。允，信也。若，順也。言舜敬事瞽瞍，往而見之，蔡氏曰：敬其子之職事也。敬謹如此，瞽瞍亦信而順之也。孟子引此而言瞽瞍不能以不善及其子，而反見化於其子，則是所謂父不得而子者，而非如咸丘蒙之說也。南軒張氏曰：古之君有受教於臣以成德者，如太甲之於伊尹，成王之於周公，謂之君不得而臣亦可也。蓋在子知盡事父之道，在臣知盡事君之道而已。自他人與後世觀之，則見其有不得而臣、不得而子者焉，故云爾也。○雲峯胡氏曰：如咸丘蒙之說，則所謂父不得而子者，以位言也。殊不知古語云「盛德之士」，本自專以德言。祗載見瞽瞍，夔夔齊栗，此舜之盛德處。瞽

瞍亦允若。則反見化於其子。盛德之中。而不得以不善及其子也

○萬章曰。堯以天下與舜有諸。孟子曰。否。天子不能以天下與人

天下者。天下之天下。非一人之私有故也

然則舜有天下也孰與之。曰。天與之

萬章問而孟子荅也

天與之者。諄諄然命之乎諄之淳反

萬章問也。諄諄。詳語之貌

曰。否。天不言。以行與事示之而已矣行去聲下同

行如字之於身謂之行。措諸天下謂之事。言但因舜之行

事而示以與之之意耳

曰。以行與事示之者如之何。曰。天子能薦人於天。不能使天與之天下。諸侯能薦人於天子。不能使天子與之諸侯。大夫能薦人於諸侯。不能使諸侯與之大夫。昔者堯薦舜於天而天受之。暴之於民而民受之。故曰天不言。以行與事示之而已矣暴步卜反下同

暴。顯也。言下能薦人於上。不能令力呈反上必用之。舜爲天人所受。是因舜之行與事而示之以與之之意也慶源輔氏曰。下薦人於上。公心也。若有必上用之之心。則私意矣。孟子此言。不特說得三聖授受明白。而於人臣薦賢之道。大公至正之心亦盡。彼竊位蔽賢者固不足責。而進一善。達一能。上必君之用。下示己之恩者皆非也。

上只言天。此又幷民而言者。天民一理。天實以民爲視聽也。舜相堯二十八載。固天也。至於朝覲訟獄謳歌。則人耳。而亦曰天者。以天統人。以人證天。天與人一也

曰。敢問薦之於天而天受之。暴之於民而民受之。如何。曰。使之主祭而百神享之。是天受之。使之主事而事治。百姓安之。是民受之也。天與之。人與之。故曰天子不能以天下與人。舜相堯二十有八載。非人之所能爲也。天也。堯崩。三年之喪畢。舜避堯之子於南河之南。天下諸侯朝覲者不之堯之子而之舜。訟獄者不之堯之子而之舜。謳歌者不謳歌堯之子而謳歌舜。故曰天也。夫然後之中國。踐天子位焉。而居堯之宮。逼堯之子。是篡也。非天與也。治相並去聲朝音潮

夫音扶

南河在冀州之南。新安倪氏曰。冀州爲帝都。河在其南。故謂之南河。其南即豫州也。訟獄。謂獄不决而訟之也

太誓曰。天視自我民視。天聽自我民聽。此之謂也

自從也。天無形。其視聽皆從於民之視聽。民之歸舜如此。則天與之可知矣南軒張氏曰。聖人之動無非天也。其相授受之際。豈有我之所得爲哉。故曰。天子不能以天下與人。天子而以天下與人。則是私意之所爲。亂之道也。堯之於舜。選於天下而薦之天耳。而舜之卒有天下者。天實爲之。堯豈能加毫末於此哉。舜之相堯歷年如是之久。其薦於天暴於民者如是其著。此乃天也。堯崩。舜率天下而服堯之喪。堯喪既除。舜避堯之子於南河之南。不敢以己爲天子而聽天所命也。朝覲訟獄謳歌者皆相率而歸。有不容奪焉。夫然後歸而踐位。而從容於天人之際。蓋如此。然則舜亦

豈能加毫末於此哉。玩此章則聖人所謂先天而天不違、後天而奉天時者。殆可得而究矣。○新安陳氏曰。太書作泰。皐陶謨曰。天聰明自我民聰明。泰誓之言蓋本於此。天既無民之形體。故其視聽皆從於民。民之所歸即天之所命也

○萬章問曰。人有言至於禹而德衰。不傳於賢而傳於子。有諸。孟子曰。否。不然也。天與賢則與賢。天與子則與子。昔者舜薦禹於天。十有七年。舜崩。三年之喪畢。禹避舜之子於陽城。天下之民從之。若堯崩之後不從堯之子而從舜也。禹薦益於天。七年。禹崩。三年之喪畢。益避禹之子於箕山之陰。朝覲訟獄者不之益而之啓。曰。吾君之子也。謳歌者不謳歌益而謳歌啓。曰。吾君之子也。朝潮音

陽城箕山之陰皆嵩山下深谷中可藏處啓禹之子也

楊氏曰此語孟子必有所受然不可考矣但云天與賢則與賢天與子則與子可以見堯舜禹之心皆無一毫私意也南軒張氏曰堯舜傳之賢禹傳之子而後世遂有至禹而德衰之論此以私意觀聖人也禹薦益於天與堯之薦舜舜之薦禹其心一也益避禹之子與舜之在南河禹之在陽城其心一也天而與益則朝覲訟獄謳歌者皆歸之益踐天子位矣禹亦豈得而不與之哉而天則與子也禹亦豈得而與之哉使天而與丹朱與舜之子則舜禹固得遂其終避之意猶益得遂其終避之志者也故曰其心一也

丹朱之不肖舜之子亦不肖舜之相堯禹之相舜也歷年多施澤於民久啓賢能敬承繼禹之道益之相禹也歷年少施澤於民未久舜禹益相去久遠其子之賢不肖皆天

也。非人之所能爲也。莫之爲而爲者，天也。莫之致而至者，命也。之相之相，去聲。相去之相，如字。

堯舜之子皆不肖，而舜禹之爲相久。此堯舜之子所以不有天下而舜禹有天下也。禹之子賢，而益相不久，此啓所以有天下而益不有天下也。然此皆非人力所爲而自爲，非人力所致而自至者。蓋以理言之謂之天，自人言之謂之命，其實則一而已。朱子曰：天如君，命如命令。君命人去做職事，其俸祿有厚薄，歲月有遠近，無非是命。命有兩樣：得之不得曰有命，自是一樣；天命之謂性，又自是一樣。雖是兩樣，却只是一箇命。天之命人，有命之以厚薄脩短，有命之以清濁偏正，無非是命。且如舜禹益相去久遠，是命之在外者；其子之賢不肖，是命之在內者。聖人窮理盡性以至於命，便能贊化育。堯之子不肖，他便不傳與子，而傳與舜。本是箇不好底意思。却被他一轉轉得好。○南軒張氏曰。莫之爲而爲者天也。莫之致而至者命也。孟子發明天人之際深矣。雖然。人君爲不善而天命去之。則是有所爲而致也。獨不可言天與命歟。孟子蓋嘗論之矣。曰。盡其道而死者正命也。桎梏死者非正命也。蓋知堯舜禹益之事。天理之全而命之正也。若夫爲不善以及於亂亡。則是自絕乎天以遏其命。不得謂之得其正矣。○慶源輔氏曰。天則天理之本體。命則天理之命於人者。○北溪陳氏曰。天與命只一理。就其中則微有分別。爲以做事言。做事是人。對此而反之。非人所爲便是天。至以吉凶禍福地頭言。有因而致是人力。對此而反之。非力所致便是命。天以全體言。命以其中妙用言。其曰以理言之謂之天。是專就天之正義言。却包命在其中。其曰自人言之謂之命。命是天命。因人形之而後見。故吉凶禍福自天來到於人然後爲命。乃是於天理中截斷命爲一邊而言。其指歸一爾。若只就天一邊說吉凶禍福。未有人受來。如何見得是命

匹夫而有天下者。德必若舜禹。而又有天子薦之者。故仲

尼不有天下

孟子因禹益之事歷舉此下兩條以推明之言仲尼之德雖無媿於舜禹而無天子薦之者故不有天下

繼世以有天下天之所廢必若桀紂者也故益伊尹周公不有天下

繼世而有天下者其先世皆有大功德於民故必有大惡如桀紂則天乃廢之如啓及太甲成王雖不及益伊尹周公之賢聖但能嗣守先業則天亦不廢之故益伊尹周公雖有舜禹之德而亦不有天下

伊尹相湯以王於天下湯崩太丁未立外丙二年仲壬四

年。太甲顛覆湯之典刑。伊尹放之於桐三年。太甲悔過自怨自艾於桐處仁遷義三年以聽伊尹之訓己也復歸于亳相王皆去聲艾音乂

此承上文言伊尹不有天下之事。趙氏曰。太丁湯之太子。未立而死。外丙立二年。仲壬立四年。皆太丁弟也。太甲太丁子也。程子曰。古人謂歲爲年。湯崩時。外丙方二歲。仲壬方四歲。惟太甲差初宜反長上聲故立之也。二說未知孰是。顛覆壞音怪亂也。典刑常法也。桐湯墓所在。艾治也。說文云。芟師銜反草也。蓋斬絕自新之意。亳商所都也。

周公之不有天下。猶益之於夏。伊尹之於殷也

此復言周公所以不有天下之意朱子曰。仲尼不有天下。益伊周不有天下。豈益伊周孔皆有有天下之願。而以無天子薦之。與天意未有所廢而不得乎。宜論其理如此耳○問舜禹避位之說。或者疑之。以為舜禹之為相攝行天子之事久矣。至此而復往避之。有如天下歸之而朱均不順。則將從天下而廢其君之子耶。抑將奉其君之子而違天下之心耶。是皆事之至逆。而由避有以致之也。至益不度天命而受位矣。避之而天下不從。然後不敢為匹夫猶且恥之。而謂益為之乎。是其說也柰何。聞之師曰。聖人未嘗有取天下之心也。三年喪畢。去而避之。禮之常事之宜耳。其避去也。其心惟恐天下之不吾釋也。舜禹蓋迫於天命人心而不獲已者。若益則求仁而得仁耳。論者紐於利害權謀之習。而安意聖賢之心。蓋以曹操不肯釋兵之心而為舜禹益謀。宜其以為不當去位而避朱均。以曹丕屢表陳遜之心而為舜禹益謀。宜其幸舜禹之得之。而以益之不得為可恥也

孔子曰。唐虞禪。夏后殷周繼。其義一也。禪音擅

禪授也或禪或繼皆天命也聖人豈有私意於其間哉

○尹氏曰孔子曰唐虞禪夏后殷周繼其義一也孟子曰天與賢則與賢天與子則與子知前聖之心者無如孔子繼孔子者孟子而已矣南軒張氏曰一者何也亦曰奉天命而已矣

○萬章問曰人有言伊尹以割烹要湯有諸要平聲下同

要求也按史記伊尹欲行道以致君而無由乃為有莘氏之媵以證反臣負鼎俎以滋味說音稅湯致於王道蓋戰國時有為此說者慶源輔氏曰戰國之時人不知有義理之學汲汲然志於功名事業以求其富貴利達雖枉己辱身有所不顧故設為此等議論上以誣聖賢下以便一己之私耳○新安陳氏曰湯妃有莘氏女也所以有隨嫁從臣負鼎俎蓋庖人之類

孟子曰：否，不然。伊尹耕於有莘之野，而樂堯舜之道焉。非其義也，非其道也，祿之以天下，弗顧也；繫馬千駟，弗視也。非其義也，非其道也，一介不以與人，一介不以取諸人。樂音洛。

莘，國名。趙氏曰：今司州郃陽縣。樂堯舜之道者，誦其詩，讀其書，而欣慕愛樂之也。新安陳氏曰：詩如康衢之謠、舜皐之歌之類，書如二典、三謨是也。必如此解，此句方實。駟，四匹也。介與草芥之芥同。言其辭受取與，無大無細，一以道義而不苟也。龜山楊氏曰：一介之與萬鍾，若論利則有多寡，若論義其理一也。伊尹惟能一介知所取與，故能祿之以天下弗顧，繫馬千駟弗視。自後世觀之，則一介不以與人為太吝，一介不以取諸人為太潔。然君子之取與，適於其義而已。與之嗇，取之微，雖若不足道矣，然苟害於義，又何多寡之間乎○問道義一物。非其義。則非其道矣。一介不安取與。則大者可知矣。既曰非義。又曰非道。既曰一介。又曰天下。千駟。何也。朱子曰。道義。兼舉體用而言也。一介千駟。極其多少而言也。蓋人之氣質不同。器識有異。或務大而忽小。或抱小而遺大。故必兼舉而極言之。然後足以見其德之全耳。雙峯饒氏曰。孟子說義必說道。如配義與道。皆是先義。亘古窮今只一箇道義。是隨時處事之權。要兩下看。既揆以義。又揆以道方可處事。有合一時之宜。及揆以古道則有不合處。道是體。義是用。義以事言。道以理言。以事言則得其宜。以理言。則得其正。然後爲盡善。故兩言之

湯使人以幣聘之。囂囂然曰。我何以湯之聘幣爲哉。我豈若處畎畝之中。由是以樂堯舜之道哉。囂五高反又戶驕反

囂囂。無欲自得之貌。慶源輔氏曰。伊尹以堯舜之道自樂。故常無欲而自得。涵泳其言。則舉天下之物。果何足以累其心哉

湯三使往聘之。既而幡然改曰。與我處畎畝之中。由是以樂堯舜之道。吾豈若使是君爲堯舜之君哉。吾豈若使是民爲堯舜之民哉。吾豈若於吾身親見之哉。

幡然。變動之貌。於吾身親見之。言於我之身親見其道之行。不徒誦說向慕之而已也。朱子曰。或謂飢食渴飲。耕田鑿井。便是樂堯舜之道。此皆不實。豈若吾身親見之哉。這箇便是眞堯舜。却不是泛說底。道皆堯舜之道。如論文武之道未墜於地。此亦眞箇指文武之道。而或者便說日用間皆是文武之道。殊不知聖賢之言自實。

天之生此民也。使先知覺後知。使先覺覺後覺也。予。天民之先覺者也。予將以斯道覺斯民也。非予覺之而誰也。

此亦伊尹之言也。知。謂識其事之所當然。覺。謂悟其理之所以然。覺後知後覺。如呼去聲寐者而使之寤也。言天使者天理當然若使之也。程子曰。予天民之先覺謂我乃天生此民中盡得民道而先覺者也。既為先覺之民豈可不覺其未覺者。及彼之覺亦非分我所有以予通作與之也。皆彼自有此理我但能覺之而已朱子曰。程子云。知是知此事。覺是覺此理。如事親當孝。事兄當弟。事也。其所以當孝所以當弟。理也。今人知得此事。講解得這道理。皆是知之之事。及至自悟。則又自有箇見解處。○中央兩箇覺字。皆訓喚醒。是我喚醒他。○慶源輔氏曰。知淺而覺深。知有界限。覺無偏全。程子云。譬之人睡。他人未覺而我先覺。故搖撼其未覺者。亦使之覺。及其已覺也。元無欠少。而亦未嘗有增加。適一般耳。此說說得覺字極為全備。既為先覺之民。豈可不覺其未覺者。此解非予覺之而誰也一句。蓋大學之道。既明明德。則必須新民。到此地位。自然住不得。正使不得時與位。亦須着如孔孟

著書立言以覺萬世始得此皆是不容已者

思天下之民匹夫匹婦有不被堯舜之澤者若己推而內之溝中其自任以天下之重如此故就湯而說之以伐夏救民推吐回反內音納說音稅

書曰昔先正保衡作我先王曰予弗克俾厥后爲堯舜其心愧恥若撻于市一夫不獲則曰時予之辜孟子之言蓋取諸此是時夏桀無道暴虐其民故欲使湯伐夏以救之徐氏曰伊尹樂堯舜之道堯舜揖遜而伊尹說湯以伐夏者時之不同義則一也

吾未聞枉己而正人者也況辱己以正天下者乎聖人之

行不同也或遠或近或去或不去歸潔其身而已矣行去聲

辱己甚於枉己正天下難於正人若伊尹以割烹要湯辱己甚矣何以正天下乎。慶源輔氏曰辱己實由於枉己不可以爲未甚而已可枉也正天下實自正人始未有不能正人而能正天下者也遠謂隱遁遁與遯同也近謂仕近君也言聖人之行雖不必同然其要如字歸在潔其身而已伊尹豈肯以割烹要湯哉。慶源輔氏曰或遠而去或近而不去所遭之時不同而在潔其身則同潔身不使其身汙辱於不義也本身爲萬事之本使尹以割烹要湯則汙其身甚矣本既不正事無可爲而謂尹爲之乎

吾聞其以堯舜之道要湯未聞以割烹也

林氏曰以堯舜之道要湯者非實以是要之也道在此

而湯之聘自來耳。猶子貢言夫子之求之異乎人之求之也。愚謂此語亦猶前章所論父不得而子之意。新安陳氏曰。承其要湯之語而正之。謂伊尹所以要湯在堯舜之道而非割烹也。其實伊尹未嘗要求於湯。如夫子之求之。與父不得而子語脉相似。故集註引以爲證。

伊訓曰。天誅造攻自牧宮。朕載自亳。

伊訓。商書篇名。孟子引以證伐夏救民之事也。今書牧宮作鳴條。牧宮。桀宮也。造載。皆始也。伊尹言始攻桀無道。由我始其事於亳也。南軒張氏曰。桀爲不道。伊尹則相湯始於亳而往征之。然則其伐夏也。奉天討有罪而已。○慶源輔氏曰。此伊尹所自言。於此可見其任重之意。則其不肯枉道自汙以要君必矣。事尚理明。義正。聖賢初無所揜覆也。

○萬章問曰或謂孔子於衛主癰疽於齊主侍人瘠環有諸乎孟子曰否不然也好事者爲之也癰於容反疽七余反好去聲

主謂舍於其家以之爲主人也癰疽瘍音羊醫也新安倪氏曰周禮天官有瘍醫瘍瘡癰也侍人奄與閹同音掩人也瘠姓環名皆時君所近狎之人也好事謂喜造言生事之人也

於衛主顏讎由彌子之妻與子路之妻兄弟也彌子謂子路曰孔子主我衛卿可得也子路以告孔子曰有命孔子進以禮退以義得之不得曰有命而主癰疽與侍人瘠環是無義無命也讎如字又音犨

顏讎由衛之賢大夫也史記作顏濁鄒彌子衛靈公幸

臣彌子瑕也。徐氏曰。禮主於辭遜。故進以禮。義主於斷丁亂反制。故退以義。難進而易去聲退者也。在我者有禮義而已。得之不得則有命存焉。朱子曰。三揖而進。一辭而退。進以禮。揖讓辭遜。退以義。剛決果斷。○聖人以義處命。本不待斷以命也。所以曰有命。對彌子瑕言之也。○南軒張氏曰。聖人非擇禮義而爲進退。聖人之進退。無非禮義。禮義之所在。固命之所在也。此所謂義命之合一者也。○新安陳氏曰。上言禮義。下只言義者。進以禮。亦義所當進。義可以該禮也。

孔子不悅於魯衛。遭宋桓司馬將要而殺之。微服而過宋。是時孔子當阨。主司城貞子。爲陳侯周臣。要平聲

不悅。不樂音洛。居其國也。桓司馬。宋大夫向式亮反魋也。司城貞子。亦宋大夫之賢者也。雙峯饒氏曰。司馬。司城。皆是宋之官。他國則無。宋是

王者後。故倣天子禮有司馬司城。○新安倪氏曰。宋以武公諱改司空爲司城陳侯名周。按史記。孔子爲魯司寇。齊人饋女樂以間去聲之。孔子遂行。適衛月餘。去衛適宋。司馬魋欲殺孔子。孔子去至陳。主於司城貞子。新安陳氏曰。以文勢觀。似是臨去宋時。主於司城貞子。適陳爲陳侯周臣孟子言孔子雖當阨難去聲。然猶擇所主。況在齊衛無事之時。豈有主癰疽侍人之事乎。慶源輔氏曰。以孔子進禮退義曰有命觀之。則必無主癰疽侍人之理。以當阨主司城貞子觀之。則必無主癰疽侍人之事

吾聞觀近臣。以其所爲主。觀遠臣。以其所主。若孔子主癰疽與侍人瘠環。何以爲孔子

近臣。在朝音潮之臣。遠臣。遠方來仕者。君子小人各從其

類。故觀其所爲主與其所主者。而其人可知。呂氏曰。辭受有義。得不得有命。皆理之所必然。有命有義。是有可得可受之理。故舜可受堯之天下。無命無義。是無可得可受之理。故孔子不主彌子以受衛卿。二者義命有自合之理。無從而問焉。有義無命。雖有可受之義。而無可得之命。安得而受之。是謂義合於命。故益避啓而不受禹之天下。有命無義。雖有可得之命。而無可受之義。亦安得而受之。是謂命合於義。故中國授室養弟子以萬鍾。而孟子辭之也。○南軒張氏曰。此泛言觀人之法。豈獨爲人臣者所當知。爲人君者尤當明此義。則遠近交見而不蔽於耳目之私矣。○新安陳氏曰。呂氏所謂無命無義與孟子本文是無義無命也不同。進退以禮義而得之。有命也。於聖賢未嘗加益。惟合於禮義而已。命之得非所計也。進退以禮義而不得。亦命也。於聖賢未嘗或損。無慊於禮義矣。不得奚傷哉。安於命而已。故曰得之不得曰有命。若有苟得之心。而欲因時君近狎之人以進。則是進退不以禮義而不知有命矣。故曰是無義無命也

○萬章問曰。或曰百里奚自鬻於秦養牲者。五羊之皮食

牛以要秦穆公信乎孟子曰否不然好事者爲之也食音嗣好去聲下同

百里奚虞之賢臣人言其自賣於秦養牲者之家得五羊之皮而爲去聲之食牛因以干秦穆公也

百里奚虞人也晉人以垂棘之璧與屈產之乘假道於虞以伐虢宮之奇諫百里奚不諫乘去聲屈求勿反

虞虢皆國名垂棘之璧垂棘之地所出之璧也屈產之乘屈地所生之良馬也乘四匹也晉欲伐虢道經於虞故以此物借道其實欲并去聲取虞宮之奇亦虞之賢臣諫虞公令力呈反勿許虞公不用遂爲晉所滅百里奚知

其不可諫。故不諫而去之秦左傳僖公二年。晉荀息請屈產之乘。與垂棘之璧假道於虞以伐虢。公曰。是吾寶也。對曰。若得道於虞。猶外府也。乃使荀息假道於虞。虞公許之。且請先伐虢。宮之奇諫不聽。遂起師。夏。晉里克荀息帥虞師伐虢滅下陽。虢邑。五年。晉侯復假道於虞以伐虢。宮之奇諫曰。虢虞之表也。虢亡。虞必從之。晉不可啓。寇不可翫。一之謂甚。其可再乎。諺所謂輔車相依。輔。頰輔。車。牙車也。脣亡齒寒者。其虞虢之謂也。弗聽。宮之奇以其族行。十二月。晉滅虢。館於虞。遂襲虞滅之。執虞公。○趙氏曰。虞在漢河東郡大陽縣。虢在漢河南郡滎陽縣

知虞公之不可諫而去之秦。年已七十矣。曾不知以食牛干秦繆公之爲汙也。可謂智乎。不可諫而不諫。可謂不智乎。知虞公之將亡而先去之。不可謂不智也。時舉於秦。知繆公之可與有行也而相之。可謂不智乎。相秦而顯其君

於天下可傳於後世不賢而能之乎自鬻以成其君鄉黨自好者不爲而謂賢者爲之乎相去聲

自好自愛其身之人也孟子言百里奚之智如此必知食牛以干主之爲汙其賢又如此必不肯自鬻以成其君也新安陳氏曰成其君成就其君之霸業也然此事當孟子時已無所據孟子直以事理反覆推之而知其必不然耳○范氏曰古之聖賢未遇之時鄙賤之事不恥爲之如百里奚爲去聲人養牛無足怪也惟是人君不致敬盡禮則不可得而見豈有先自汙辱以要其君哉莊周曰百里奚爵禄不入於心故飯扶晚反牛而牛肥使穆公忘其賤而與之

政亦可謂知百里奚矣。莊子田子方篇。百里奚爵祿不入於心。故飯牛而肥。飯。猶食之也。使秦穆公忘其賤而與之政也。有虞氏死生不入於心。故足以動人伊尹百里奚之事皆聖賢出處之大節。故孟子不得不辨。尹氏曰。當時好事者之論。大率類此。蓋以其不正之心度待洛反待聖賢也

范氏曰。虞之將亡。宮之奇諫。百里奚不諫。二人皆是也。宮之奇不忍虞之亡。諫而不聽。然後以其族行。君臣之義盡。百里奚事虞公年七十矣而無所遇。知其不可諫不諫而先去之。去就之理明。奇爲忠臣。奚爲智士。故曰皆是也。按秦本紀。晉虜虞君與百里奚。奚亡秦走宛。楚鄙人執之。穆公聞其賢。以五羖羊皮贖之。號五羖大夫。商鞅傳趙良曰。五羖大夫。荊之鄙人也。聞穆公賢。願見行而無資。自鬻於秦。被褐飯牛。穆公舉之牛口之下。加之百姓之上。史記所傳自相矛盾。蓋得之好事者。○南軒張氏曰。奚於虞在不必諫之地。又知其不可諫。諫必不聽。故引而去之。所以爲智。使在當諫之地而不諫。是不忠之臣也。可謂智乎。○蔡氏曰。戰國之時。人不知道。

惟知以功利爲急。甚者敢誣聖賢，欲借以行其私。如伊
尹割烹要湯。孔子主癰疽侍人。百里奚自鬻。雖萬章之
徒亦不知其爲非。而猶不免於疑問。習俗移
人之心如此。孟子安得不歷數而明辨之哉

孟子集註大全卷之九

孟子集註大全卷之十

萬章章句下

凡九章

孟子曰伯夷目不視惡色耳不聽惡聲非其君不事非其民不使治則進亂則退橫政之所出橫民之所止不忍居也思與鄉人處如以朝衣朝冠坐於塗炭也當紂之時居北海之濱以待天下之清也故聞伯夷之風者頑夫廉懦夫有立志治去聲下同橫去聲朝音潮

橫謂不循法度頑者無知覺廉者有分辨懦柔弱也餘並見前篇見形甸反下文餘見並同

伊尹曰何事非君何使非民治亦進亂亦進曰天之生斯民也使先知覺後知使先覺覺後覺予天民之先覺者也予將以此道覺此民也思天下之民匹夫匹婦有不與被堯舜之澤者若己推而內之溝中其自任以天下之重也

與音預

何事非君言所事即君何使非民言所使即民無不可事之君無不可使之民也餘見前篇

柳下惠不羞汙君不辭小官進不隱賢必以其道遺佚而不怨阨窮而不憫與鄉人處由由然不忍去也爾為爾我為我雖袒裼裸裎於我側爾焉能浼我哉故聞柳下惠之

風者鄙夫寬薄夫敦

鄙狹陋也。敦厚也。餘見前篇。問夷惠勝伊尹得此。朱子曰。伊尹體用較全夷惠高似伊尹。伊尹大如夷惠。○新安陳氏曰。凡言聞其風者。皆道不行於當時而其流風餘韻足以聳動後世者也。伊尹道行於當時有功業可見不待以風言。夷惠道不行於當時無功業可見而其制行之高足使後世想聞其餘風而興起。所以以風言。夷則風之清。惠則風之和也。或曰。孔子道亦不行於當時。而不以風言何也。曰。孔子如太極元氣之運。風不足以言之也。司馬遷謂講業齊魯之都觀夫子遺風。亦以風言。特於齊魯之地觀之則所指者有界限而所觀者亦然。故亦以風言耳

孔子之去齊接淅而行。去魯曰遲遲吾行也。去父母國之道也。可以速而速。可以久而久。可以處而處。可以仕而仕。孔子也淅先歷反

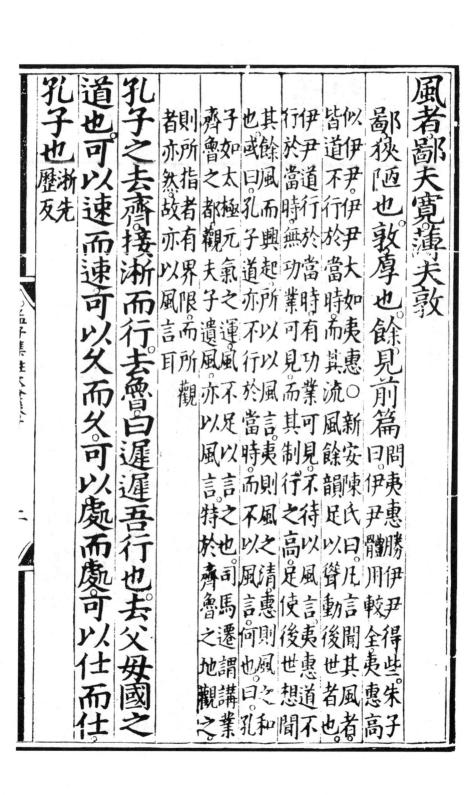

接猶承也。淅。漬疾智反米水也。漬米將炊。而欲去之速。故以手承水取米而行。不及炊也。舉此一端。以見形甸反其久速仕止各當其可也。記曰。當其可之謂時。或曰。孔子去魯不稅與脫同冕而行。豈得為遲。楊氏曰。孔子欲去之意久矣。不欲苟去。故遲遲其行也。膰肉不至。則得以微罪行矣。故不稅冕而行非速也

孟子曰。伯夷聖之清者也。伊尹聖之任者也。柳下惠聖之和者也。孔子聖之時者也

張子曰。無所雜者清之極。無所異者和之極。勉而清。非聖人之清。勉而和。非聖人之和。所謂聖者不勉不思而

至焉者也。孔氏曰。任者以天下爲己責也。愚謂孔子仕止久速各當其可。蓋兼三子之所以聖者而時出之。非如三子之可以一德名也。或疑伊尹出處上聲合乎孔子。而不得爲聖之時何也。程子曰。終是任底意思去聲在。朱子曰。夷惠氣質有偏。比之夫子終有不中節處。所以易中說中正。伊川謂中重於正。正不必中也。言中則正已在其中。蓋無中則做正不出來。而單言正。則未必能中也。夷惠諸子其正與夫子同。而夫子之中則非諸子所及也。○清任和都是有病痛底聖人。問伊尹似無病痛。曰。五就湯五就桀。孔子必不肯恁地。只爲他任得太過。所謂任只就他治亦進亂亦進處看其自任以天下之重如此。雖云祿之天下。繫馬千駟。弗顧弗受。然終是任處多。如柳下惠不以三公易其介。固是介。然終是和處多。問三子之德各偏於一。亦盡其一德之中否。曰。三子之德但各至於一偏之極。既云偏則不得謂之中矣。如伯夷雖有善其辭命而至者不受也。此便是偏處。若善其辭命而吾受之亦何妨。只觀孔子便不然。問既云一偏，何以謂之聖。曰聖只是做到極處，自然安行，不待勉強。故謂之聖，非中之謂也。○三聖是知之不至。三子不惟清不能和，和不能清，但於清處和處亦皆過。如射者皆中而不中鵠。問既是如此，何以爲聖人之清和。曰却是天理中流出，無駁雜。雖是過當，直是無纖毫查滓。孔子集大成，無所不該，非特兼三子所長而已。但與三子比並說時，是兼其所長。曰三子是資禀如此否。曰然。○問如伯夷之清而不念舊惡，柳下惠之和而不以三公易其介。此其所以爲聖之清聖之和也。但其流不弊，則有隘與不恭之失。曰這也是諸先生恐傷觸二子，所以說流弊。今以聖人觀二子，則二子多有欠闕處。才有欠闕處，便有弊。所以孟子直說他隘與不恭，不曾說其末流如此。○問伊川云伊尹終有任底意思在，謂他有擔當作爲底意思。只這些意思，便非夫子氣象否。曰然。然此處極難看，且放那裏，久之看道理熟，自見。強說不得。若謂伊尹有這些意思在，爲非聖人之至，則孔孟皇皇汲汲，去齊去魯，之梁之魏，非無意者。其所以異伊尹者何也。○問夫子若處伊尹之地，也如他任。如何。曰夫子自是不同。不如此著意。○南軒張氏曰孔子之速也遲也皆道之所在也。曰可以速而速。可以久而久。比公孫丑篇易一則字。尤見從容不迫與時偕行之意。聖之時云者。非聖人之趍時。聖人之動。固無不時也。○慶源輔氏曰。伊尹惟其任底意思在。故未能與天爲一。而不得爲聖之時。若孔子則雖視天下無不可爲之時。在已無不可行之道。然却無伊尹這些意思。曰如有用我者。期月而已可也。如有用我者。吾其爲東周乎。多少含蓄意思。此其所以與天爲一。而謂之聖之時也。○東陽許氏曰。此章聖字言夷惠伊尹處。是以地言。與大而化之之聖不同。只是清任和到極處。故謂之聖。孔子則是大而化之之聖。其行之時中。則清任和時而出之。亦無不到極處

孔子之謂集大成。集大成也者。金聲而玉振之也。金聲也者。始條理也。玉振之也者。終條理也。始條理者。智之事也。終條理者。聖之事也。

此言孔子集三聖之事而爲一大聖之事。猶作樂者集

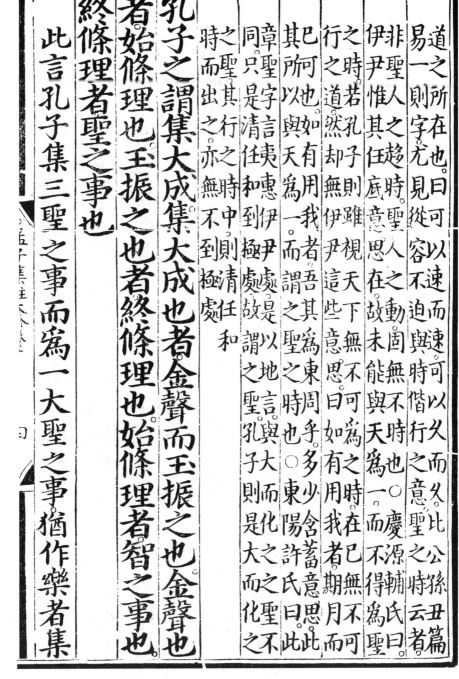

衆音之小成而爲一大成也。成者，樂之一終。書所謂簫韶九成是也。(書益稷篇註。簫，古文作箾。箾韶，蓋舜樂之總名也。九成者，猶周禮所謂九變也。)金，鐘屬。聲，宣也。如聲罪致討之聲。玉，磬也。振，收也。如振河海而不洩(私列反)之振。始，始之也。終，終之也。條理，猶言脉絡。指衆音而言也。智者，知之所及。聖者，德之所就也。蓋樂有八音：金。石。絲。竹。匏。土。革。木。若獨奏一音，則其一音自爲始終，而爲一小成。猶三子之所知偏於一，而其所就亦偏於一也。八音之中，金石爲重，故特爲衆音之綱紀。又金始震而玉終詘(渠勿反)然也。(記聘義。昔者君子比德於玉焉。溫潤而澤，仁也。縝密以栗，知也。廉而不劌(音鱖傷也)，義也。垂之如隊(直位反)，禮也。扣之，其聲清越以長，其中詘然，樂也。越猶揚也。詘然。絶止之貌。朱子曰。金聲有洪殺。始震終細。玉聲則始終如一。扣之其聲詘然而止故並奏八音。則於其未作而先擊鎛鐘以宣其聲。鎛伯各反。鐘名俟其既闋苦穴反而後擊特磬以收其韻。新安陳氏曰。特專也。單擊磬曰特磬宣以始之。收以終之。二者之間。脉絡通貫。無所不備。則合衆小成而爲一大成。猶孔子之知無不盡而德無不全也。金聲玉振始終條理。疑古樂經之言。故兒研兮反寛云。唯天子建中和之極。兼總條貫。金聲而玉振之。新安倪氏曰。前漢兒寛與武帝論封禪儀而有是言。必非其自言。又不純擧孟子之言。且簡約精密。故疑其爲古樂書之言也亦此意也。程子曰。金聲而玉振之。此孟子爲學者言終始之義也。始於致知。智之事也。行所知而至其極。聖之事也。易曰。知至至之。知終終之是也。○問始終條理。朱子曰。如今樂之始作先擂鐘。是金聲之也。樂終擊磬。是玉振之也。始終如此。而中間乃大合樂。六律五聲八音。一齊莫不備擧。孟子以此譬孔子。如伯夷聖之淸。伊尹聖之任。柳下惠聖之和。都如樂器有一件相似。是金聲底從頭到尾只是金聲。是玉聲底從頭到尾只是玉聲。○始條理是知。終條理是行。問智之事聖之事。曰夫全在智字上。三子所以各極於一偏。緣他合下少致知工夫。看得道理有偏。故其終之成。亦只至一偏之極。孔子合下知得至到。看得道理周徧精切無所不盡。故其德之成。亦兼該畢備。而無一德一行之或闕。曰然。○金聲或洪或殺。淸濁萬殊。玉聲淸越和平。首尾如一。故樂之作也。八音克諧。雖若無所先後。然奏之以金節之以玉。其序亦有不可紊者焉。蓋其奏之也。所以極其變也。其節之也。所以成其章也。變者雖殊。而所以成者未嘗不一。成者雖一。而所歷之變。洪纖淸濁亦無所不具於至一之中。聖人之知。精粗大小無所不同。聖人之德精粗大小無所不備。其始卒相成。蓋如此。此金聲而玉振之。所以譬夫孔子之集大成。而非三子之所得與也。然即其全而論其偏。則纖而不能洪。淸而不能濁者。是其金聲之不備也。不能備乎金聲。而遽以玉振之雖其所以振之者未嘗有異。然其所振一全一闕。則其玉之爲聲亦有所不能同矣。○奏之以金節之以玉。奏之所以極其變節之所以成其章也。○南軒張氏曰：條理云者，有倫緒而不紊之謂。始條理者，析衆理於毫釐也。終條理者，備衆理於一貫也。○致知，智之事。行其所知而極其至，聖之事也。據此一節，乃是言學者之事所以學於聖人者，故因上文金聲玉振而言，言學之序。如此蓋聖人則聖智合一，無始卒之異；學者則必知所先後，然後有以入德也。故孟子於此一節特分而言之，明聖人之智，學者所當先務，必明盡衆理，咸極其至，然後力行以造夫聖人之所以聖者，始終各有條而不可亂也。智之事、聖之事，猶言學智聖之功夫，非便以爲智聖也。○勉齋黄氏曰：孔子之異於三子者，知之至而行之盡；三子之不及孔子者，知有所蔽於始，而行有闕於終也。此孔子所以獨得其全，而三子僅得其偏也。

智，譬則巧也；聖，譬則力也。由射於百步之外也，其至，爾力也；其中，非爾力也。中，去聲。

此復扶又反以射之巧力，發明聖智二字之義，見孔子巧力俱全而聖智兼備。三子則力有餘而巧不足。是以一節雖至於聖而智不足以及乎時中也。張子曰。夷惠智不明於至善。故偏入於清和。然而卒能成性。故雖聖而不智。孔子智既明於至善。故集大成。如清和時任皆有之。無不曲當也。故聖且智。金聲而玉振也。○龜山楊氏曰。伯夷伊尹柳下惠。於清任和處已至聖人。但其他處未必皆中。其至與孔子同。而其中與孔子異。只爲不能無偏故也。若隘與不恭。其所偏歟。○問以智比聖智固未可以言聖。然孟子以智譬巧。以聖譬力。力既不及於巧。則是聖必由於智也。明矣。而尹和靖乃曰。始條理者。猶可以用智。終條理。則智不容於其間矣。則是以聖智淺深而言。與孟子之意似相戾。惟伊川引易知至至之。知終終之。其意若曰。夫子所以能集三子而大成者。由其始焉知之之深也。蓋知之至。行之必至。三子之智。始焉知之未盡。故其後行之雖各極其至。終未免各失於一偏。非終條理者未到。以其始條理者已差之矣。不知伊川之意是如此否。朱子曰。甚好。○問孟子既以智爲始。聖爲終。則智者致知之事。聖者極至之名。其終復曰智巧聖力。是智反妙於聖矣南軒以爲論學則智聖有始終之序語道則聖之極是智之極者也此說似可以破前所疑否曰智是見得徹之名聖是行得到之號有先後而無淺深也聖而不智如水母之無鰕亦將何所到乎○以緩急論則智居先若把輕重論則聖爲重○問其至爾力其中非爾力還是三子只有力無智否曰不是無智知處偏故至處亦偏如孔子則箭箭中紅心三子則每人各中一邊緣他當初見得偏故至處亦偏曰如此則三子不可謂之聖曰不可謂之聖之大成畢竟那清是聖之清和是聖之和雖使聖人清和亦不過如此顏子則巧處工夫已至點點皆可中但只是力不至耳使顏子力至便與孔子一般○金玉備巧力全者孔子也若顏子之博文而約以禮竭才而不能及則金聲已備而玉有未振巧足以中而力有未完者歟故以所至論之則顏子不若三子之成以所期言之則三子不若顏子之大而以學之序而論之則三子皆失其所當先故行愈力而見愈偏而顏子循序以進則其所進未可量也惜不及見其成耳然就三子而論之則伊尹之學又密於夷惠矣○東陽許氏曰此一節以射比四聖人能挽彊弓射遠地此力也能中其的乃巧也必先知的之所在又知

中之之法。然後因力之所至而中之。謂知之明。然後行之從容中道。三子力量雖到。而知有未至。故不及孔子

○此章言三子之行去聲各極其一偏。孔子之道兼全於衆理。所以偏者由其蔽於始。是以缺於終。所以全者由其知之至。是以行之盡。三子猶春夏秋冬之各一其時。孔子則太和元氣之流行於四時也。雲峯胡氏曰。此章之旨集註偏全二字盡之。譬之樂。則一音自爲始終者偏。而八音相爲始終者全。譬之射。則力而不巧者偏。力而又巧者全。孟子始則皆謂之聖。各以其所行言。末則先智而後聖。統以其知與行言。惟知之偏。故行之所至者各極其偏。惟知之全。則行不期其全而自極於全

○北宮錡問曰。周室班爵祿也如之何錡魚綺反

北宮。姓。錡。名。衛人。班。列也

孟子曰。其詳不可得而聞也。諸侯惡其害己也。而皆去其籍。然而軻也嘗聞其略也。惡去聲去上聲

當時諸侯兼幷去聲僭竊。故惡周制妨害己之所爲也。慶源輔氏曰。兼幷則其國日大。僭竊則其祿日侈。

天子一位。公一位。侯一位。伯一位。子男同一位。凡五等也。君一位。卿一位。大夫一位。上士一位。中士一位。下士一位。凡六等

此班爵之制也。五等通於天下。六等施於國中。慶源輔氏曰。位以爵定

天子之制地方千里。公侯皆方百里。伯七十里。子男五十

里。凡四等。不能五十里。不達於天子。附於諸侯曰附庸

此以下班祿之制也。不能猶不足也。小國之地不足五十里者。不能自達於天子。因大國以姓名通。謂之附庸。若春秋郳儀父音甫之類是也春秋隱公元年三月。公及郳儀父盟于蔑。○慶源輔氏曰。田以祿分

天子之卿受地視侯。大夫受地視伯。元士受地視子男

視比也。徐氏曰。王畿之內。亦制都鄙受地也。元士。上士也。趙氏曰。食采邑於畿內。祿之多少。以外諸侯爲差。不言中下士。視附庸也

大國地方百里。君十卿祿。卿祿四大夫。大夫倍上士。上士倍中士。中士倍下士。下士與庶人在官者同祿。祿足以代

其耕也

十十倍之也四四倍之也倍加一倍也徐氏曰大國君田三萬二千畝其入可食音嗣下可食並同二千八百八十人卿田三千二百畝可食二百八十八人大夫田八百畝可食七十二人上士田四百畝可食三十六人中士田二百畝可食十八人下士與庶人在官者田百畝可食九人至五人庶人在官府史胥徒也周禮天官冢宰大宰卿一人小宰中大夫一人府六人史十有二人胥十有二人徒百有二十人府治藏史掌書胥徒民服徭役者愚按君以下所食之祿皆助法之公田藉農夫之力以耕而收其租士之無田與庶人在官者則但受祿於官如田之

入而已朱子曰府史胥徒以周禮考之人數極多安得許多閑祿給之嘗疑周禮一書方是起草未曾得行蘇子由古史疑府史胥徒太多當時却多兼官其實府史胥徒無許多○古者制國土地亦廣非如孟子百里之說禹會塗山執玉帛者萬國後來更相吞噬到周初只有千八百國是不及五分之一矣想得併得來儘大周封新國若只用百里之地介在其間豈不為大國所吞亦緣是誅紂伐奄滅國者五十得許多土地方封得許多人

次國地方七十里君十卿祿卿祿三大夫大夫倍上士上士倍中士中士倍下士下士與庶人在官者同祿祿足以代其耕也

三謂三倍之也徐氏曰次國君田二萬四千畝可食二千一百六十人卿田二千四百畝可食二百十六人

小國地方五十里，君十卿祿，卿祿二大夫，大夫倍上士，上士倍中士，中士倍下士，下士與庶人在官者同祿，祿足以代其耕也。

二，即倍也。○徐氏曰：小國君田一萬六千畝，可食千四百四十人；卿田一千六百畝，可食百四十四人。○朱子曰：君十卿祿者，猶今之俸祿，蓋君所自得爲私用者。至於貢賦、賓客、朝覲、祭享、交聘往來，又別有財儲爲公用。如今太守既有料錢，至於貢賦公用，又自有錢也。○趙氏曰：由卿而上，三等之國異；由大夫而下，三等之國同者，蓋卿而上，其祿寖厚，苟不爲之殺，則地之所出不足以供；大夫而下，其祿寖薄，苟爲之殺，則臣之所養不能自給也。

耕者之所獲，一夫百畝。百畝之糞，上農夫食九人，上次食八人，中食七人，中次食六人，下食五人。庶人在官者，其祿

以是爲差。食音嗣差楚宜反

獲得也。一夫一婦佃田百畝。加之以糞。糞多而力勤者
爲上農。其所收可供九人。其次用力不齊。故有此五等。
庶人在官者其受祿不同。亦有此五等也○愚按此章
之說與周禮王制不同。蓋不可考闕之可也。周禮地官司徒凡建
邦國以土圭土其地。猶言度其地而制其域。諸公之地
封疆方五百里。其食者半。諸侯之地封疆方四百里。其
食者參之一。諸伯之地封疆方三百里。其食者參之一。
諸子之地封疆方二百里。其食者四之一。諸男之地封
疆方百里。其食者四之一○記王制。王者之制祿爵。公
侯。伯。子。男。凡五等。諸侯之上大夫卿。下大夫。上士。中士。
下士。凡五等。天子之田方千里。公侯田方百里。伯七十
里。子男五十里。不能五十里者不合於天子。附於諸侯
曰附庸。天子之三公之田視公侯。天子之卿視伯。天子
之大夫視子男。天子之元士視附庸。制農田百畝。百畝

之分。上農夫食九人。其次食八人。其次食七人。其次食六人。下農夫食五人。庶人在官者。其祿以是爲差也。諸侯之下士視上農夫。祿足以代其耕也。中士倍下士。上士倍中士。下大夫倍上士。卿四大夫祿。君十卿祿。次國之卿三大夫祿。君十卿祿。小國之卿倍大夫祿。君十卿祿。程子曰。孟子之時去先王未遠。載籍未經秦火。然而班爵祿之制已不聞其詳。今之禮書皆掇拾於煨烏回反燼徐刃反之餘。而多出於漢儒一時之傅音附會。柰何欲盡信而句爲之解乎。然則其事固不可一一追復矣

問孟子與周禮不同。朱子曰。此也難考。畢竟周禮底是周禮是全書經聖人手。必不會差。孟子時典籍已散亡。想見沒理會是以諸儒之說紛然。而卒不能得其正也。○慶源輔氏曰。程子之說。足以救陋儒泥古之失。但據其所傳而姑存之。使千百世之後。一遇大聖。則必能因其大體而詳其節目。推其既往以爲一時之制。而先代聖王之法。庶乎其可復見矣。○新安倪氏曰。周禮一書。劉歆以爲河

間獻王得之李氏女子。劉歆以前。世無傳習之者。朱子謂周禮底是。南軒嘗謂當以孟子爲正。朱子恐非定說。以周書武成分土惟三證之。周禮之說恐不可信。若王制則漢文帝使博士諸生剌六經中而作。將以興王者之制度。成於漢儒之手。宜其有與他書不合者。又按朱子謂嘗疑周禮一書。方是起草。未曾得行。蔡九峯亦曰。周禮首末未備。周公未成之書也。竊意此說爲是。然則冬官之闕。蓋其所未嘗筆者歟。

○萬章問曰。敢問友。孟子曰。不挾長。不挾貴。不挾兄弟而友。友也者。友其德也。不可以有挾也

挾者兼有而恃之之稱。慶源輔氏曰。兼夫有與恃二者之意。方謂之挾。但有之而不恃。則未謂之挾也。○新安陳氏曰。有挾則取友之意不誠。賢者必不與之友矣。三者之中。挾貴尤常情所易犯。下文四節。皆不挾貴者。但有小大之差耳。

孟獻子。百乘之家也。有友五人焉。樂正裘。牧仲。其三人則

予忘之矣。獻子之與此五人者友也，無獻子之家者也。此五人者亦有獻子之家，則不與之友矣。乘去聲，下同。

孟獻子，魯之賢大夫仲孫蔑莫結反也。張子曰："獻子忘其勢，五人者忘人之勢。不資其勢而利其有，然後能忘人之勢。若五人者有獻子之家，則反為獻子之所賤矣。"慶源輔氏曰：獻子忘其勢，不挾貴也；五人忘人之勢，無獻子之家也。孟子歷舉四人，事首於獻子，事詳之，又以見上之友下，固不可有所挾；下為上所友，亦不可有所利。一有利之之意，則為人所賤，失其可貴之實而不足友矣。

非惟百乘之家為然也，雖小國之君亦有之。費惠公曰："吾於子思，則師之矣；吾於顏般，則友之矣；王順、長息則事我者也。"費音秘。般音班。

惠公費邑之君也。師所尊也。友所敬也。事我者所使也。非惟小國之君爲然也。雖大國之君亦有之。晉平公之於亥唐也。入云則入。坐云則坐。食云則食。雖疏食菜羹。未嘗不飽。蓋不敢不飽也。然終於此而已矣。弗與共天位也。弗與治天職也。弗與食天祿也。士之尊賢者也。非王公之尊賢也。疏食之食音嗣。平公、王公下，諸本多無之字，疑闕文也。

亥唐。晉賢人也。平公造七到反之。唐言入。公乃入。言坐乃坐。言食乃食也。疏食。糲音厲，又音賴，又郎葛反飯也。不敢不飽。敬賢者之命也。○范氏曰。位曰天位。職曰天職。祿曰天祿。言天所以待賢人使治天民。非人君所得專者也。慶源輔氏曰。平公之於亥唐。則知所敬矣。然不能與之共天位。治天職。食天祿。則是不能推廣是心。以體天而治民以及於國也。○西山眞氏曰。天位所以處賢者。天職所以任賢者。天祿所以養賢者。三者皆天所以待賢。必使治天民者也。而晉平公之於亥唐。特虛尊之而已。未嘗處之以位。命之以職。食之以祿也。此豈王公尊賢之道哉

舜尚見帝。帝館甥于貳室。亦饗舜。迭爲賓主。是天子而友匹夫也

尚上也。舜上而見於帝堯也。館舍也。禮妻父曰外舅。謂我舅者吾謂之甥。堯以女妻去聲舜。故謂之甥。貳室副宮也。堯舍舜於副宮而就饗其食

用下敬上。謂之貴貴。用上敬下。謂之尊賢。貴貴尊賢。其義一也

貴貴尊賢皆事之宜者。然當時但知貴貴而不知尊賢

故孟子曰其義一也○此言朋友人倫之一。所以輔仁。

故以天子友匹夫而不爲詘曲勿反以匹夫友天子而不

爲僭。此堯舜所以爲人倫之至。而孟子言必稱之也雲峯

胡氏曰。中庸五達道。於君臣父子夫婦長幼不言交。獨曰朋友之交。集註云。天子友匹夫而不爲詘。匹夫友天

子而不爲僭。此易之所謂上下交而其志同也。即中庸所謂朋友之交也。朋友居人倫之一。而足以輔仁。則又

有裨於人倫者也。孟子言性善必稱堯舜。既稱其盡君臣之倫。又稱其盡父子兄弟之倫。此則又稱其盡朋友

之倫。朋友人倫之一。非如堯之友舜。不足以爲朋友人倫之至

○萬章問曰。敢問交際何心也。孟子曰。恭也

際接也。交際。謂人以禮儀幣帛相交接也問如此者何心也。新安陳

氏曰所以表見其恭也

曰卻之卻之爲不恭何哉曰尊者賜之曰其所取之者義乎不義乎而後受之以是爲不恭故弗卻也

卻不受而還之也再言之未詳衍文 萬章疑交際之間有所卻者人便以爲不恭何哉孟子言尊者之賜而心竊計其所以得此物者未知合義與否必其合義然後可受不然則卻之矣所以卻之爲不恭也 新安陳氏曰若計其物之初得合義與否而酌其辭受受其合義者則卻之者必以爲不合義也有此心非恭矣

曰請無以辭卻之以心卻之曰其取諸民之不義也而以他辭無受不可乎曰其交也以道其接也以禮斯孔子受

之矣

萬章以爲彼既得之不義則其餽不可受但無以言辭間(去聲一本作問)而卻之直以心度(待洛反)其不義而託於他辭以卻之如此可否邪交以道如餽贐聞戒周其飢餓之類接以禮謂辭命恭敬之節孔子受之如受陽貨烝豚之類也(慶源輔氏曰他辭卻之視貪利者固優然亦失之過由此而甚之必至於爲於陵仲子而後已)

(孔子受之者得中道也)

萬章曰今有禦人於國門之外者其交也以道其餽也以禮斯可受禦與曰不可康誥曰殺越人于貨閔不畏死凡民罔不譈是不待教而誅者也殷受夏周受殷所不辭也

於今爲烈如之何其受之與平聲譈書作憝徒對反

禦止也止人而殺之且奪其貨也國門之外無人之處也萬章以爲苟不問其物之所從來而但觀其交接之禮則設有禦人者用其禦得之貨以禮餽我則可受之乎康誥周書篇名越顛越也今書閔作暋無凡民二字譈怨也言殺人而顛越之因取其貨閔然不知畏死凡民無不怨之孟子言此乃不待教戒而當即誅者也如何而可受之乎商受至爲烈十四字語意不倫李氏以爲此必有斷簡或闕文者近之而愚意其直爲衍字耳然不可考姑闕之可也問殷受夏周受殷所不辭也於今爲烈趙氏謂三代相傳以此

法不須辭問也。於今爲烈。烈明法。如之何受其餽也。或者謂若義在可受。則三代受人之天下而不辭。今禦人者。乃爲暴烈不義如此。如何而可受其餽乎。烈如詩序所謂厲王之烈。烈者。暴虐之意云爾。或又以爲烈。光也。三代相受光烈至今也。是三說者。擇一而從之可也。何至闕而不爲之說乎。朱子曰。本文十四字。自與上下文不相屬。如趙氏之說。則辭受二字與上下文亦不相似。或者二說。亦覺費力。不若闕之之愈也。○慶源輔氏曰。孟子既以開曉之如此。萬章猶不能反其意之偏以味孟子之言。而復爲此問。此正所謂詖辭蓋陷於郤之之意而不覺也。故孟子又引康誥之說以曉之

曰。今之諸侯取之於民也。猶禦也。苟善其禮際矣。斯君子受之。敢問何說也。曰。子以爲有王者作。將比今之諸侯而誅之乎。其教之不改而後誅之乎。夫謂非其有而取之者盜也。充類至義之盡也。孔子之仕於魯也。魯人獵較。孔子

亦獵較獵較猶可而況受其賜乎比去聲夫音扶較音角
比連也言今諸侯之取於民固多不義然有王者起必不連合而盡誅之必教之不改而後誅之則其與禦人之盜不待教而誅者不同矣夫音扶禦人於國門之外與非其有而取之二者固皆不義之類然必禦人乃爲眞盜其謂非有而取爲盜者乃推其類至於義之至精至密之處而極言之耳非便以爲眞盜也然則今之諸侯雖曰取非其有而豈可遽以同於禦人之盜也哉又引孔子之事以明世俗所尚猶或可從況受其賜何爲不可乎獵較未詳趙氏以爲田獵相較奪禽獸以祭孔子

不違所以小同於俗也。張氏以爲獵而較，音教所獲之多少也。二說未知孰是。慶源輔氏曰：其教之不改而後誅之乎。於此可見孟子待人之恕。夫謂非其有而取之者盜也，充類至義之盡也，於此又可見孟子析理之精。夫執其充類盡義之說，而欲一槩以繩人，幾何而不流於於陵仲子之爲哉。

曰：然則孔子之仕也，非事道與？曰：事道也。事道奚獵較也？曰：孔子先簿正祭器，不以四方之食供簿正。曰：奚不去也？曰：爲之兆也。兆足以行矣而不行，而後去，是以未嘗有所終三年淹也。與平聲

此因孔子事而反覆辯論也。事道者，以行道爲事也。事道奚獵較也，萬章問也。先簿正祭器未詳。徐氏曰：先以

簿書正其祭器使有定數而不以四方難繼之物實之夫音扶器有常數實有常品則其本正矣彼獵較者將久而自廢矣未知是否也兆猶卜之兆蓋事之端也孔子所以不去者亦欲小試行道之端以示於人使知吾道之果可行也若其端既可行而人不能遂行之然後不得已而必去之蓋其去雖不輕而亦未嘗不決是以未嘗終三年留於一國也慶源輔氏曰以孔子所謂吾豈匏瓜也哉焉能繫而不食之說與夫著之空言不如載之行事之說而觀之則是乃聖人之心也又曰魯人獵較孔子亦獵較于以見聖人同物之仁簿正祭器不以四方之食供簿正于以見聖人處事之智未嘗有所終三年之淹于以見聖人制行之勇

孔子有見行可之仕。有際可之仕。有公養之仕。於季桓子。見行可之仕也。於衛靈公。際可之仕也。於衛孝公。公養之仕也

見行可見其道之可行也。際可接遇以禮也。公養國君養賢之禮也。季桓子魯卿季孫斯也。問孔子仕於定公而言於季桓子何也。朱子曰。當時季氏執國柄。定公亦自做主不起。孔子相魯皆由桓子。及桓子受女樂。孔子便行矣。問墮三都。季氏何以不怨。曰。季氏是時自不柰那陪臣何。故假孔子之力以去之。桓子臨死。謂康子曰。使仲尼之去。而魯終不治者。由我故也。孔子是時也失了機會。不曾做得成。○慶源輔氏曰。見行可。庶乎道之行也。際可。適其禮之宜也。公養。受其養之義也。衛靈公。衛侯元也。孝公。春秋史記皆無之。疑出公輒也。慶源輔氏曰。或是字誤。或是當時人呼出公為孝公。皆不可考。因孔子

仕魯而言其仕有此三者。故於魯則兆足以行矣而不行然後去，而於衛之事，則又受其交際問餽而不卻之一驗也。新安陳氏曰：以此釋際可公養之仕，與章首本意有照應，有收拾。○尹氏曰：不聞孟子之義，則自好去聲者爲於音烏陵仲子而已。聖賢辭受進退，惟義所在。愚按此章文義多不可曉，不必强上聲爲之説。

○孟子曰：仕非爲貧也，而有時乎爲貧；娶妻非爲養也，而有時乎爲養。爲養並去聲，下同。

仕本爲去聲，下同行道，而亦有家貧親老，或道與時違，而但爲禄仕者。如娶妻本爲繼嗣，而亦有爲不能親操倉刀反

井臼。汲臼之事而欲資其餽養者。新安陳氏曰。下二句過譬上二句。所以下文不復言此

爲貧者辭尊居卑辭富居貧

貧富謂祿之厚薄。蓋仕不爲道。已非出處上聲之正。故其所居但當如此

辭尊居卑辭富居貧惡乎宜乎抱關擊柝惡平聲柝音託

柝。夜行所擊木也。蓋爲貧者雖不主於行道。而亦不可以苟祿。新安陳氏曰。卑官雖無行道之責。薄祿亦無苟受之理。故惟抱關擊柝之吏。位卑祿薄。其職易稱。二字並去聲下同爲所宜居也。李氏曰。道不行矣。爲貧而仕者。此其律令也。若不能然。則是貪

二六七六

位慕祿而已矣南軒張氏曰既曰爲貧則不當處尊與富若處尊與富是名爲爲貧而其實竊位也處尊富則當任行道之責

孔子嘗爲委吏矣曰會計當而已矣嘗爲乘田矣曰牛羊茁壯長而已矣委烏僞反會工外反當都浪反乘去聲茁阻刮反長上聲

此孔子之爲貧而仕者也委吏主委積子賜反之吏也乘田主苑囿芻牧之吏也茁肥貌言以孔子大聖而嘗爲賤官不以爲辱者所謂爲貧而仕官卑祿薄而職易稱也朱子曰程先生說孔子爲乘田則爲乘田爲司寇則爲司寇無不可者孟子則必得賓師之位方能行道此便是他能大而不能小處惟是聖人則大小方圓無所不可也

位卑而言高罪也立乎人之本朝而道不行恥也朝音潮

以出位爲罪。則無行道之責。以廢道爲恥。則非竊祿之官。此爲貧者之所以必辭尊富而寧處上聲貧賤也。○尹氏曰。言爲貧者不可以居尊。居尊者必欲以行道。問位卑而言高罪也。以君臣之分言之固是如此。然時可以言而言。亦豈得謂之出位。朱子曰。前世固有草茅韋布之士獻言者。然皆有所因。皆有次第。未有無故忽然犯分而言者。縱言之亦不見聽。徒取辱爾。若是明君自無壅蔽之患。有言亦見聽。不然。豈可不循分而徒取失言之辱哉。如史記說商鞅范雎之事。彼雖小人。然言皆有序。不肯妄發。賈誼固有才。文章亦雄偉。只是言語急迫。失進言之序。看有甚事都一齊說了。宜絳灌之徒不說。而文帝謙讓未遑也。易曰。艮其輔。言有序。悔亡。聖人之意可見矣。○位卑者。人責不加焉。言高則罪矣。故可以姑守其職。此爲貧而仕之法也。若夫立人之本朝。則當以行道爲任。道不行而竊其位。君子之所恥也。○新安陳氏曰。此章始爲爲貧而仕者言。終爲位高祿厚者言。居卑貧者。雖其職易稱。尚必求稱其職。如孔子之爲委吏乘田。必求會計之當。牛羊之茁是也。豈有位高祿厚。而不求行道以稱其職者。今人於位卑言高。則瀆然懼其爲罪而不敢犯。於立朝道不行。則宴然不以爲恥而冒犯之。罪自外至。或以得罪。猶可言也。恥自內生。當恥而不知恥。不可言矣

○萬章曰。士之不託諸侯何也。孟子曰。不敢也。諸侯失國而後託於諸侯禮也。士之託於諸侯非禮也

託寄也。謂不仕而食其祿也。古者諸侯出奔他國食其廩餼。許既反 謂之寄公。記郊特牲。諸侯不臣寓公。故古者寓公不繼世。寓。寄也。○喪大記。君之喪大小斂寄公國賓出 爲士無爵土。不得比諸侯。不仕而食祿則非禮也 慶源輔氏曰。諸侯之視諸侯。雖其爵有五等之殊。然其實則皆國君也。且本有爵土。不幸出奔而來適我國。則其國君以廩餼之。是乃禮之所宜也。故可受而謂之寄公。若士之於諸侯。則有尊卑貴賤之不

同。又本無爵土。豈可自比於諸侯。故必仕而後當賦以祿。

萬章曰：君餽之粟，則受之乎？曰：受之。受之何義也？曰：君之於氓也，固周之。

周，救也。視其空（去聲）之則周卹（與恤同）之，無常數，君待民之禮也。

曰：周之則受，賜之則不受，何也？曰：不敢也。曰：敢問其不敢何也？曰：抱關擊柝者，皆有常職以食於上。無常職而賜於上者，以爲不恭也。

賜，謂予（通作與）之祿，有常數，君所以待臣之禮也。（新安陳氏曰：未仕爲民，既仕乃爲臣。方爲民，可以受無常數之周救。未爲臣，不敢受有常數之俸祿。士之自處當然也。）

曰君餽之則受之不識可常繼乎曰繆公之於子思也亟問亟餽鼎肉子思不悅於卒也摽使者出諸大門之外北面稽首再拜而不受曰今而後知君之犬馬畜伋蓋自是臺無餽也悅賢不能舉又不能養也可謂悅賢乎〔亟去聲下同摽音杓使去聲〕

亟數〔音朔〕也鼎肉熟肉也卒末也摽麾也數以君命來餽當拜受之非養賢之禮故不悅而於其末後復〔扶又反下同〕來餽時麾使者出拜而辭之犬馬畜〔許六反〕伋言不以人禮待己也臺賤官主使令〔平聲下同〕者〔左傳昭公七年王臣公公臣大夫大夫臣士士臣皁皁臣輿輿臣隸隸臣僚僚臣僕僕臣臺人有十等也〕蓋繆公愧悟自此不復

今臺來致餽也舉用也能養者未必能用況又不能養

乎新安陳氏曰士之自處固如上文所言然君待士則有養賢之禮焉繆公餽子思使一一拜受餽之適以勞之非禮也

曰敢問國君欲養君子如何斯可謂養矣曰以君命將之再拜稽首而受其後廩人繼粟庖人繼肉不以君命將之子思以爲鼎肉使己僕僕爾亟拜也非養君子之道也

初以君命來餽則當拜受其後有司各以其職繼續所無不以君命來餽不使賢者有亟拜之勞也僕僕煩猥烏海反貌

堯之於舜也使其子九男事之二女女焉百官牛羊倉廩

備以養舜於畎畝之中。後舉而加諸上位。故曰王公之尊賢者也。女下字去聲

能養能舉悅賢之至也。唯堯舜爲能盡之。而後世之所當法也慶源輔氏曰。堯之於舜。則尊賢之極。養賢之至。用賢之周也

○萬章曰。敢問不見諸侯何義也。孟子曰。在國曰市井之臣。在野曰草莽之臣。皆謂庶人。庶人不傳質爲臣。不敢見於諸侯。禮也。質與贄同

傳通也。質者。士執雉。庶人執鶩。鶩音木相見以自通者也。國内莫非君臣。但未仕者與執贄在位之臣不同。故不敢見也。新安陳氏曰。市井草莽之臣。與詩率土莫非王臣同。未仕之臣也。傳質爲臣。乃已仕之臣也

萬章曰庶人召之役則往役君欲見之召之則不往見之

何也曰往役義也往見不義也

往役者庶人之職不往見者士之禮慶源輔氏曰庶人則當服君之賤事爲士則知學問崇禮義不惟士之自處當如此而人君亦以此望之也

且君之欲見之也何爲也哉曰爲其多聞也爲其賢也曰爲其多聞也則天子不召師而況諸侯乎爲其賢也則吾未聞欲見賢而召之也繆公亟見於子思曰古千乘之國以友士何如子思不悅曰古之人有言曰事之云乎豈曰友之云乎子思之不悅也豈不曰以位則子君也我臣也何敢與君友也以德則子事我者也奚可以與我友千乘

之君求與之友而不可得也而況可召與爲並去聲乘皆去聲召與之與平聲

孟子引子思之言而釋之以明不可召之意朱子曰賢與多聞細分固當有別亦不必深致意○南軒張氏曰在我則當守庶人之分在君則當隆事師之禮

齊景公田招虞人以旌不至將殺之志士不忘在溝壑勇士不忘喪其元孔子奚取焉取非其招不往也喪息浪反

說見形甸反前篇

曰敢問招虞人何以曰以皮冠庶人以旃士以旂大夫以旌

皮冠田獵之冠也事見形甸反春秋傳去聲○左傳僖公二十年十二月齊

侯田于沛。澤名。招虞人以弓。不進。公使執之。辭曰。昔我先君之田也。旃以招大夫。弓以招士。皮冠以招虞人。臣不見皮冠。故不敢進。乃舍之

然則皮冠者虞人之所有事也。故以是招之庶人。未仕之臣。通帛曰旃。新安倪氏曰。通帛。謂周大赤。從周正色無飾士。謂已仕者。交龍爲旂。新安倪氏曰。畫二龍於其上析羽而注於旂干之首曰旌新安倪氏曰。通帛爲旝。交龍爲旂。析羽爲旌。見周禮司常

以大夫之招招虞人。虞人死不敢往。以士之招招庶人。庶人豈敢往哉。況乎以不賢人之招招賢人乎

欲見而召之。是不賢人之招也。以士之招招庶人。則不敢往。以不賢人之招招賢人。則不可往矣

欲見賢人而不以其道。猶欲其入而閉之門也。夫義路也。

禮門也惟君子能由是路出入是門也詩云周道如厎其直如矢君子所履小人所視夫音扶厎詩作砥之履反

詩小雅大東之篇厎與砥同礪音厲石也言其平也矢言其直也視視以為法也引此以證上文能由是路之義慶源輔氏曰以周道為君子所履證義路為賢者所由

萬章曰孔子君命召不俟駕而行然則孔子非與曰孔子當仕有官職而以其官召之也與平聲

孔子方仕而任職君以其官名召之故不俟駕而行慶源輔氏曰以敬君之命而不敢慢也徐氏曰孔子孟子易地則皆然○此章言不見諸侯之義最為詳悉更合陳代公孫丑所問

者而觀之其說乃盡問此章綱領只在義路禮門朱子曰固是不出此二者然所謂義禮裏面殺有節目如云往役義也往見不義也周之則受賜之則不受之類都是義之節目如云廩人繼粟庖人繼肉不以君命將之之類都是禮之節目又如齊餽金而不受於宋薛餽而受此等辭受都是箇義君子於細微曲折一一都要合義所以易中說精義入神以致用也義至於精則應事接物之間無一非義不問大事小事千變萬化吾之所以應他如利刀快劒迎刃而解件件剖作兩片去孟子平日受用便是得這箇氣力今觀其所言所行無不是這箇物事○慶源輔氏曰觀答陳代章知不枉道從人之義觀答公孫丑章又知不爲臣不見之禮觀此章又知賢者有不可召之義蓋君子之出處進退一惟禮與義而已初無適莫也

○孟子謂萬章曰一鄉之善士斯友一鄉之善士一國之善士斯友一國之善士天下之善士斯友天下之善士

言己之善蓋於一鄉然後能盡友一鄉之善士推而至

於一國天下皆然。隨其高下以爲廣狹也新安陳氏曰。廣狹有異勢而善無異，理雖千萬人同此心此理也。惟善蓋一鄉。始能友一鄉之善士。不然則我所取之友必有所偏。或有所遺。不能盡得而友之矣。一國之善士。即一鄉之善士中其善不止蓋一鄉而足以蓋一國者也。推而至於天下皆如此。友也者。友其善也。善之所在。聲應氣求。自有天然不容不合者。而非可以勉强合也

以友天下之善士爲未足。又尚論古之人。頌其詩讀其書不知其人可乎。是以論其世也。是尚友也

尚上同。言進而上也。頌誦通。論其世。論其當世行事之迹也。言既觀其言則不可以不知其爲人之實。是以又考其行去聲也。夫音扶能友天下之善士其所友衆矣。猶以爲未足。又進而取於古人。是能進其取友之道而非止

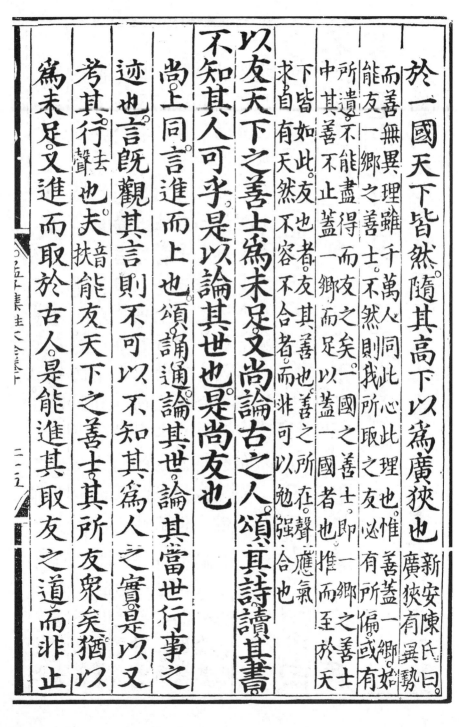

爲一世之士矣南軒張氏曰。自友一鄉之善士。至於上論古之人。每進而愈上也。所見者愈大。則所取愈廣矣。○雙峯饒氏曰。進善無窮已。故其取善也亦無窮已。取善無窮已。則其進善也亦無窮已。取善之地所以愈廣者。由其善之進進而不已也。取善之心果曷有窮已乎。之人也。推其所至。殆將生乎千百世之下。而可以繼往者於千百世之上。立乎千百世之上。而可以俟來者於千百世之下。奚止爲一世之士而已哉。○雲峯胡氏曰。人性之善。古今所同。孟子論性。必論其故。論尚友。必論其世。皆已然之迹也。論性而不論其已然之迹。性之理易涉於空虛。論古而不論其已然之迹。古之人易涉於遼邈。

○齊宣王問卿。孟子曰。王何卿之問也。王曰。卿不同乎。曰。不同。有貴戚之卿。有異姓之卿。王曰。請問貴戚之卿。曰。君有大過則諫。反覆之而不聽。則易位。

大過謂足以亡其國者。易位。易君之位。更立親戚之賢

者。新安陳氏曰。古人所謂親戚。並指天屬之親。蓋與君有親親之恩。無可去之義。以宗廟爲重。不忍坐視其亡。故不得已而至於此也

王勃然變乎色

勃然。變色貌

曰。王勿異也。王問臣。臣不敢不以正對

孟子言也

王色定。然後請問異姓之卿。曰。君有過則諫。反覆之而不聽則去

君臣義合。不合則去○此章言大臣之義。親疏不同。守

經行權各有其分。去聲○新安陳氏曰親者可以行權諫者惟當守經貴戚之卿。小過非不諫也。但必大過而不聽。乃可易位。異姓之卿。大過非不諫也。雖小過而不聽。已可去矣。然三仁貴戚。不能行之於紂。而霍光異姓乃能行之於昌邑。此又委任權力之不同。不可以執一論也。前漢霍光傳昌邑王賀武帝之孫昌邑哀王之子也。即位行淫亂。光憂懣音滿又音悶獨以問所親故吏太司農田延年。延年曰。將軍爲國柱石。審此人不可。何不建白太后。更選賢而立之。光曰。今欲如是。於古嘗有不。延年曰。伊尹相殷。廢太甲以安宗廟。世稱其忠。將軍若能行此。亦漢之伊尹也。光乃引延年給事中。陰與車騎將軍張安世圖計。光與羣臣俱見白太后。具陳昌邑王不可以承宗廟狀。皇太后乃車幸未央承明殿。召昌邑王伏前聽詔。光與羣臣連名奏王。尚書令讀畢。光令王起拜受詔。乃即持其手。解脫其璽組。扶王下殿。送至昌邑邸。○朱子曰。孟子所謂易位者。言其理當如是耳。世或疑此言有以起篡奪之禍者。則孟子豈不嘗曰。有伊尹之志則可。無伊尹之志則篡也。若三仁之事。則比于箕子固有所不及爲。若微子之去。亦或其勢之不便也。然觀其引身而去。以全先王之世。則其計慮亦豈苟然者哉。若其力之可爲。則伊尹霍光固以異姓之卿而行之矣。況有骨肉之親者乎。○南軒張氏曰。貴戚之卿。與異姓之卿。有親疏之異。故不得而同論也。貴戚之卿任宗社之責。故得更擇其宗族之賢以易之。然非謂貴戚之卿諫君反覆而不從。便可以易位。蓋極其理而言之。有可以易位之道也。○慶源輔氏曰。集註守經行權。尤足以補孟子之說。蓋行權者。非至於甚不得已。則不可爲。守經者則日用常行而須臾不可離者也。○西山眞氏曰。愚按貴戚易位之說。非後世所得行。君有大過。惟當反覆極言。如屈平劉向之爲爾。同姓之卿雖無可去之義。若其君有大惡而不可諫。易位之事又不得行。宗社將危。豈容坐待。則微子去之。亦有明義存焉。其惡雖未如紂。然非可事之君。義不當食其祿。則魯之叔肸可以爲法。春秋宣十有七年。公弟叔肸卒。穀梁傳曰。叔肸賢之也。其賢之何也。宣弑而非之也。非之則胡爲不去也。曰。兄弟也。何去而之。與之財則曰我足矣。

織屨而食，終身不食宣公之食，春秋貴之。因時制義，初無定法也。又孟子反覆二字，最宜深體。前世人臣固有見君之過失，姑一言以塞責者，曰吾亦嘗諫之云耳。諫而不從，非吾責也。此其用心既欲苟全爵位，又欲厭塞公言。張華之所以見屈於張林，而不能自免也。必反覆而諫，諫而不從則去，此人臣之正法。孟子之言胡可易哉。

孟子集註大全卷之十

孟子集註大全卷之十一

告子章句上

凡二十章 勿軒熊氏曰。首章至六章言性。七章至十九章言心。末章言學

告子曰。性猶杞柳也。義猶桮棬也。以人性爲仁義。猶以杞柳爲桮棬。桮音杯。棬丘圓反

性者。人生所稟之天理也。杞柳。柜居旅反柳。桮棬。屈木所爲。若卮匜音移之屬。朱子曰。桮棬似今棬杉台子。杞柳。恐是今做合箱底柳。北人以此爲箭。謂之柳箭。即蒲柳也 告子言人性本無仁義。必待矯揉人九反而後成。如荀子性惡之說也。荀子性惡篇。人之性惡。其善者僞也。○朱子曰。告子只是認氣爲性。見得性有不善。須拗他方善。○新安陳氏曰。義猶桮棬也。義上脫一仁字。○魯齋王氏曰。朱子釋性字指

性之全體而言。不是解告子所言之性

孟子曰：子能順杞柳之性而以爲桮棬乎？將戕賊杞柳而後以爲桮棬也？如將戕賊杞柳而以爲桮棬，則亦將戕賊人以爲仁義與？率天下之人而禍仁義者，必子之言夫！戕音墻。與平聲。夫音扶

言如此，則天下之人皆以仁義爲害性而不肯爲，是因子之言而爲仁義之禍也。朱子曰：杞柳必矯揉而後爲桮棬，性非矯揉而爲仁義。孟子辨告子數處，皆是辨倒著，告子便休，不曾說盡道理。○南軒張氏曰：人之爲仁義，乃其性之本然。自親親而推之，至於仁不可勝用；自長長而推之，至於義不可勝用。皆順其所素有，而非外之也。若違乎仁義，則爲失其性矣。而告子乃以人性爲仁義，則是性別爲一物，以人爲矯揉而爲仁義，其失豈不甚乎？○慶源輔氏曰：不言

戕賊人之性而言戕賊人者人之所以爲人者性也○西山眞氏曰告子之說蓋謂人性本無仁義必用力而强爲若杞柳本非桮棬必矯揉而後就也何其昧於理邪夫仁義即性也告子乃曰以人性爲仁義如此則性自性仁義自仁義也其可乎夫以杞柳爲桮棬必斬伐之屈折之乃克有成若人之爲仁義乃性之所固有孩提皆知愛親即所謂仁及長皆知敬兄即所謂義何勉强矯揉之有使告子之言行世之人必曰仁義乃戕賊人之物將畏憚而不肯爲是率天下而害仁義其禍將不可勝計此孟子所以不可不辨也○雙峯饒氏曰性者人所稟之天理天理即是仁義順此性行之無非自然元無矯揉集註解性字是朱子指性之本體而言不是解告子所言之性禍仁義與楊墨充塞仁義相似

○告子曰性猶湍水也決諸東方則東流決諸西方則西流人性之無分於善不善也猶水之無分於東西也湍他端反

湍波流瀠音縈回之貌也告子因前說而小變之慶源輔氏曰告

子本以氣爲性。此說亦然。故曰因前說。但前說以性爲惡。必矯揉而後可爲善。而此說則以性爲本無善惡。但可以爲善。可以爲惡耳。此其爲小變也。近於揚子善惡混之說。揚子脩身篇。人之性也善惡混。脩其善則爲善人。脩其惡則爲惡人。氣也者。所適善惡之馬歟。○朱子曰。告子以善惡皆性之所無。而生於習。揚子以善惡皆性之所有。而成於脩。亦有小異。故曰近。

孟子曰。水信無分於東西。無分於上下乎。人性之善也。猶水之就下也。人無有不善。水無有不下。

言水誠不分東西矣。然豈不分上下乎。性即天理。未有不善者也。朱子曰。觀水之流而必下。則水之性可知。觀性之發而必善。則性之韞善亦可知矣。

今夫水搏而躍之。可使過顙。激而行之。可使在山。是豈水之性哉。其勢則然也。人之可使爲不善。其性亦猶是也。夫音扶。

扶搏補各反

搏擊也。躍跳也。顙額也。水之過額在山，皆不就下也。然其本性未嘗不就下，但爲搏擊所使而逆其性耳。謝氏曰：如水之就下，搏擊之，非不可上，但非水之性。○此章言性本善，故順之而無不善；本無惡，故反之而後爲惡。新安陳氏曰：反之，猶云逆之，與張子所謂善反之不同，彼乃復之之謂。非本無定體而可以無所不爲也。南軒張氏曰：伊川先生云，荀子之言性，杞柳之論也；揚子之言性，湍水之論也。蓋荀子謂人之性也以仁義爲僞，而揚子則謂人之性善惡混，脩其善則爲善人，脩其惡則爲惡人故也。告子不識大本，故始譬性爲杞柳，謂以人性爲仁義；今復譬性爲湍水，謂無分於善不善。夫無分於善不善，則性果爲何物耶？論眞實之理而委諸茫昧之地，其所害大矣。善乎孟子之言曰：人無有不善，水無有不下。可謂深切著明矣。○西山眞氏曰：水之性未嘗不就下，雖搏擊之可暫違其本性而終不能使不復其本性人之爲不善者固有之矣所以然者往往爲物欲所誘利害所移而非其本然之性也故雖甚愚無知之人詈之以惡逆弁之以盜賊鮮不變色者至於見赤子之入井則莫不怵惕而救之朱子章旨數言盡之矣○新安倪氏曰先師謂當看集註本性之本字雲峯謂須看集註定體二字水之定體無有不下性之定體無有不善可使過顙在山爲不善三使字皆非定體竊謂本性者本然之性定體即此性本然之定體也若有使之者則出於人力之所爲而非此性本然之定體矣貫二先生之說而一之於本字定體字皆能著眼則朱子釋孟子之深意可見矣○東陽許氏曰告子謂性本無善惡但可以爲善可以爲惡在所引者如何爾故以水無分東西爲喻孟子亦就其水以喻之謂性之必善譬猶水之必下告子所謂決之者人爲之也非其自然之性也若人欲拂水之性甚至可使逆行況東西乎人之爲善順其本性也水之就下順其本性也

○告子曰生之謂性

生指人物之所以知覺運動者而言。朱子曰：生之謂性，只是就氣上說得。蓋謂人也有許多知覺運動，物也有許多知覺運動，人物只一般。却不知人所以異於物者，以其得正氣，故全得許多道理。如物則氣昏而理亦昏了。○生之謂氣，生之理之謂性。○問：氣出於天否？曰：性與氣皆出於天。性只是理，氣則已屬於形象。性之善，固人所同，氣便有不齊處。○物也有這性，只是稟得來偏了，這性便也隨氣轉了。○慶源輔氏曰：人物之生，則有知覺，能運動，死則無知覺，不能運動也。○雙峯饒氏曰：生，活也。其所以能知覺運動，爲是箇活底物事。有生之初，稟得天地之生氣，所以有這活底在裏面。告子是見得這氣，不曾見得這理。蓋精神魂魄之所以能知覺運動者，屬乎氣。其所得於天，以爲仁義禮智之性者，則屬乎理。告子認氣爲性，故云生之謂性。問：知覺運動何分？曰：總言之，都是精神。分言之，則知覺屬心，運動屬身。告子論性前後四章，語雖不同，然其大指不外乎此。問：子以告子論性數章皆本乎生之謂性之一言，何也？朱子曰：告子不知性之爲理，乃即人之身而指其能知覺運動者以當之。所謂生者是也始而見其但能知覺運動非教不成故有杞柳之譬既屈於孟子之言而病其說之偏於惡也又爲湍水之喻以見其但能知覺運動而非有善惡之分又以孟子未喻已之意也遂於此章極其立論之本意而索言之至於孟子折之則其說又窮而終不悟其非也其以食色爲言蓋猶生之云爾而公都子之所引又湍水之餘論也以是考之凡告子之論性不外乎生之一字明矣然則告子固指氣質而言歟曰告子所謂性固不離乎氣質然未嘗知其爲氣質而亦不知其有清濁賢否之分也與近世佛氏所謂作用是性者略相似朱子曰禪家說如何是佛曰見性成佛如何是性曰作用是性蓋謂目之視耳之聽手之執捉足之運奔皆性也只說得箇形而下者且如手能執捉若執刀胡亂殺人亦可爲性乎

孟子曰生之謂性也猶白之謂白與曰然白羽之白也猶白雪之白白雪之白猶白玉之白與曰然與平聲下同

白之謂白猶言凡物之白者同謂之白更無差初加楚宜二反

別必列反也白羽以下新安陳氏曰白羽至輕之白與白雪不堅之白白玉堅潤之白質本不同孟子再問而告子曰然則是謂凡有生者同是一性矣

然則犬之性猶牛之性牛之性猶人之性與

孟子又言若果如此則犬牛與人皆有知覺皆能運動其性皆無以異矣於是告子自知其說之非而不能對也朱子曰犬牛人之形氣既具而有知覺能運動者生也有生雖同然形氣既異則其生而有得乎天之理亦異蓋在人則得其全而無有不善在物則有所蔽而不得其全是乃所謂性也今告子曰生之謂性如白之謂白而凡白無異白焉則是指形氣之生者以爲性而謂人物之所得於天者亦無不同矣故孟子以此詰之而告子理屈詞窮不能復對也○勉齋黃氏曰告子既不知性與氣之分而直以氣爲性又不知氣或不齊性

因有異。而遂指凡有生者以爲同。是以孟子以此語之。而進退無所據也。○愚按性者。人之所得於天之理也。生者。人之所得於天之氣也。性。形而上者也。氣。形而下者也。朱子曰。形而上者。一理渾然。無有不善。形而下者。則紛紜雜揉。善惡有所分矣。○新安陳氏曰。易大傳曰。形而上者謂之道。形而下者謂之器。上字上聲讀。有形以上。便是無形之理。性。即理也。有形以下。便是有形之器。氣。有形者也。人物之生。莫不有是性。亦莫不有是氣。然以氣言之。則知覺運動。人與物若不異也。以理言之。則仁義禮智之稟。豈物之所得。而全哉。此人之性所以無不善。而爲萬物之靈也。雲峯胡氏曰。大學中庸首章或問。皆以爲人物之生。理同而氣異。而此則以爲氣同而理異。何也。朱子嘗曰。論萬物之一原。則理同而氣異。觀萬物之異體。則氣猶相近。而理絕不同。氣之異者。粹駁之不齊。理之異者。偏全之或異也。嘗因是而推之。蓋自大本大原上說。大化流行，賦予萬物，何嘗分人與物？此理之同也。但人得其氣之正且通者，物得氣之偏且塞者。此氣之異也。人物既得此氣以生，則人能知覺運動，物亦能知覺運動。此又其氣之同也。然人得其氣之全，故於理亦全。物得其氣之偏，故於理亦偏。則人與物又不能不異矣。理同而氣異，是從人物有生之初說；氣同而理異，是從人物有生之後說。朱子之說精矣。告子不知性之爲理，而以所謂氣者當之，是以杞柳湍水之喻，食色無善無不善之說，縱將容反橫繆靡幼反戾紛紜舛尺兗反錯，而此章之誤乃其本根。所以然者，蓋徒知知覺運動之蠢然者人與物同，而不知仁義禮智之粹然者人與物異也。孟子以是折之，其義精矣。朱子曰：氣相近，如知寒暖，識饑飽，好生惡死，趨利避害，人與物都一般。理不同，如蜂蟻之君臣，只是他義上有一點明；虎狼之父子，只是仁上有一點明，其他更推不去。○論人與物性之異，固由氣稟之不同。但究其所以然者。卻是因其氣稟之不同。而所賦之理固亦有異。所以孟子分別犬之性。牛之性。人之性有不同者。而未嘗言犬之氣。牛之氣。人之氣不同也。○此章乃告子迷繆之本根。孟子開示之要切。蓋知覺運動者。形氣之所爲。仁義禮智者。天命之所賦。學者於此。正當審其偏正全闕。而求知所以自貴於物。不可以有生之同。反自陷於禽獸。而不自知己性之大全也。○勉齋黄氏曰。夫性者。人物所得乎天之理也。仁義禮智之屬是也。生者。人物所得乎天之氣也。有知覺而能運動者是也。性者萬物之一原。有生之類。各得於天。固無少異。但所稟之氣。則或值其清濁美惡之不齊。故理之所賦。不能無開塞偏正之異。此人物之所以分也。然以氣而言。則所稟雖殊。而其所以爲知覺運動者反無甚異。以理而言。則其本雖同。而人之有是四端。所以爲至靈至貴者。非庶物之可擬矣。告子之學。不足以知此。但見其蠢然之生。即以爲性。而又謂凡得此者無有不同。則是不惟不知性。亦不知氣。不惟觀於外者亂於人獸之別。而其反於身者。亦昧於天理人欲之幾矣。○

雙峯饒氏曰。人說孟子論性不論氣。若以此章觀之。未嘗不論氣

○告子曰食色性也仁内也非外也義外也非内也

告子以人之知覺運動者爲性故言人之甘食悅色者即其性故仁愛之心生於内而事物之宜由乎外學者但當用力於仁而不必求合於義也朱子曰告子先云仁義猶桮棬其意本皆以仁義爲外皆不出於本性既得孟子說方略認仁爲在内亦不以仁爲性之所有但比義差在内耳○告子以生於愛者爲仁故曰内以其制是非者爲義故曰外○南軒張氏曰食色固出於性然莫不有則焉告子舉物而遺其則其說行天理不行而人欲莫過矣○慶源輔氏曰人之甘食者知其食之美而甘之也悅色者知其色之美而悅之也知即知覺也甘與悅即運動也○雙峯饒氏曰告子雖知以仁爲内而不知愛是情仁是性愛不便是仁愛之理是仁今便指愛爲仁已是不識性了如義則是心之制事之宜事之宜者雖在彼而其所以裁制而得其宜者全自在我若非我有箇義如何處得物告子認以爲外可謂全無見識矣觀告子

前面數章之意。則謂性中仁義都無。到這裏又却有仁而無義。皆是遁辭○雲峯胡氏曰。告子所謂仁內義外者。皆自食色說來。以食色爲性。言性旣粗。故言仁義亦粗。甘食悅色。是自家心裏愛那食色。便屬仁。便是仁愛之心生於內。至若食色却有可愛者。有不可愛者。則是事物之宜由乎外也

孟子曰。何以謂仁內義外也。曰彼長而我長之。非有長於我也。猶彼白而我白之。從其白於外也。故謂之外也長上聲下同

我長之。我以彼爲長也。我白之。我以彼爲白也。朱子曰。告子不知辨別那利害處。正是本然之性。所以道彼長而我長之。蓋謂我無長彼之心。由彼長。故不得不長之。所以指義爲外也

曰異於白馬之白也。無以異於白人之白也。不識長馬之

長也無以異於長人之長與且謂長者義乎長之者義乎與平聲下同

張氏曰上異於二字宜衍李氏曰或有闕文焉愚按白馬白人所謂彼白而我白之也長馬長人所謂彼長而我長之也白馬白人不異而長馬長人不同是乃所謂義也義不在彼之長而在我長之之心則義之非外明矣○朱子曰白馬白人我道這是白馬這是白人言之則一若長馬長人則不同長馬則是口頭道箇老大底馬若長人則是敬之之心發於中從而敬之所以謂義內也○慶源輔氏曰人孰以長人之心長馬乎其所以然者乃吾心之義有不同耳義蓋隨事之宜而裁之也

曰吾弟則愛之秦人之弟則不愛也是以我爲悅者也故

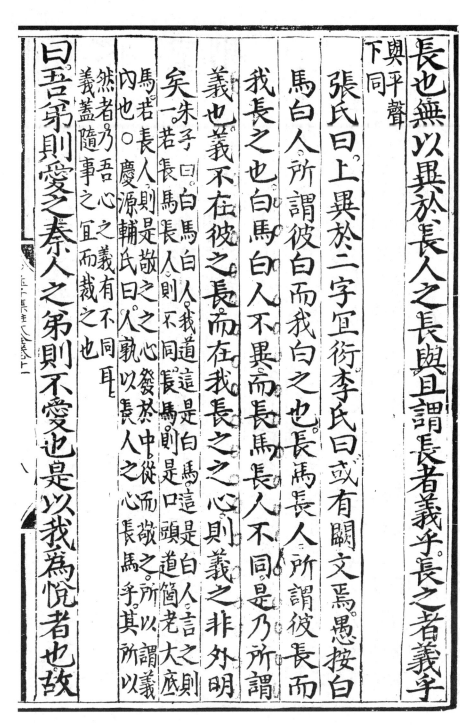

謂之內長楚人之長亦長吾之長是以長爲悅者也故謂之外也

言愛主於我故仁在內敬主於長故義在外

曰耆秦人之炙無以異於耆吾炙夫物則亦有然者也然則耆炙亦有外與耆與嗜同夫音扶

言長之耆之皆出於心也林氏曰告子以食色爲性故因其所明者而通之南軒張氏曰長則同而待吾之長與待楚人之長固有間矣其分之殊即所謂義也觀其義外之說固爲不知義矣不知義則其所謂仁內者亦烏知仁之所以爲仁哉○慶源輔氏曰炙在外而耆之者在我長在外而長之者在我初無異也告子所明者食色故取譬於耆炙因其所明通其所蔽亦納約自牖之意也○自篇首至此四章告子之辨屢屈而

屢變其說以求勝。卒不聞其能自反而有所疑也。此正其所謂不得於言勿求於心者。所以卒於鹵音魯莽莫補莫孛毋黨三反而不得其正也。雲峯胡氏曰。夫子嘗曰。義以方外。夫義所以裁制其在外者。而非在外也。告子義外之說。孟子所以深闢之

○孟季子問公都子曰。何以謂義內也

孟季子疑孟仲子之弟也。蓋聞孟子之言而未達。故私論之

曰。行吾敬。故謂之內也

所敬之人雖在外。然知其當敬而行吾心之敬以敬之。則不在外也

鄉人長於伯兄一歲則誰敬曰敬兄酌則誰先曰先酌鄉人所敬在此所長在彼果在外非由內也長上聲

伯長也酌酌酒也此皆季子問公都子答而季子又言如此則敬長之心果不由中出也

公都子不能答以告孟子孟子曰敬叔父乎敬弟乎彼將曰敬叔父曰弟爲尸則誰敬彼將曰敬弟子曰惡在其敬叔父也彼將曰在位故也子亦曰在位故也庸敬在兄斯須之敬在鄉人惡平聲

尸祭祀所主以象神雖弟子爲之然敬之當如祖考也在位弟在尸位鄉人在賓客之位也庸常也斯須暫時

也。言因時制宜，皆由中出也。趙氏曰：因時制宜，所謂義也。兄叔父之當敬，此理之常。若弟在尸位，則祭時暫當裁以視如祖考之義而敬弟。鄉人在賓位，則宴時暫當裁以尊賓之儀而敬鄉人。此皆暫時之敬耳。或常或暫，因時而裁制其宜，皆本於吾心爾。故曰由中出也。

季子聞之曰：敬叔父則敬，敬弟則敬，果在外，非由內也。公都子曰：冬日則飲湯，夏日則飲水，然則飲食亦在外也？

此亦上章耆炙之義。雲峯胡氏曰：集註以爲此亦耆炙之義者，炙在外而耆之在乎心。水與湯在外，而斟酌其可飲不可飲在乎心。然則事物之宜在乎外，而所以斟酌事物之宜則在乎心也。○范氏曰：二章問答，大指略同，皆反覆譬喻以曉當世，使明仁義之在內，則知人之性善，而皆可以爲堯舜矣。慶源輔氏曰：若以義爲外，則便於性之本體偏枯了。要能知人性之本善。既不知人性之本善，則豈能知人皆可以爲堯舜哉○潛室陳氏曰禮敬之義在外如叔父如弟如鄉人皆指外而言故告子以義爲外然敬之所施雖在外而所以行吾敬處却在內如當敬叔父時則敬叔父當敬弟時則敬弟當敬鄉人則敬鄉人所以權其事宜而爲之差別者則此理之權度未嘗不在吾心故公都子以此折之其辭簡而理勝所謂不迫切而意已獨至也○新安陳氏曰集註於此又提挈綱領以示人仁義性也堯舜性與人同但能盡其性耳人惟性善故皆可以爲堯舜也

○公都子曰告子曰性無善無不善也

此亦生之謂性食色性也之意新安陳氏曰只認能知覺運動甘食悅色者即爲性而任意爲之無所謂善惡近世蘇氏胡氏之說蓋如此新安陳氏曰蘇東坡論性謂自堯舜以來至孔子不得已而曰中曰一未嘗分善惡言也自孟子道性善而一與中支矣胡文定公論性謂性不可以善言纔說善時便與惡對非本然之性矣孟子道性善只是贊歎之辭說好箇性如佛言善

哉善哉。五峯論性云。凡人之生。粹然天地之心。道義全具。無適無莫。不可以善惡辨。不可以是非分

或曰。性可以爲善。可以爲不善。是故文武興則民好善。幽厲興則民好暴。好去聲

此即湍水之說也。新安陳氏曰。謂性可善可惡。惟上所道導。如湍水可東可西。惟人所決也

或曰。有性善。有性不善。是故以堯爲君而有象。以瞽瞍爲父而有舜。以紂爲兄之子且以爲君。而有微子啓王子比干

韓子性有三品之說蓋如此。韓子原性篇。性也者。與生俱生也。情也者。接於物而生也。性之品有三。而其所以爲性者五。情之品有三。而其所以爲情者七。何也。曰。性之品有上中下三。上焉者。善焉而已矣。中焉者。可道導而上下也。下焉者。惡焉而已矣。○朱子曰。韓子三品之說。只說得氣。不曾說得性。○

此章三者。雖同說氣質之性。然兩或曰之說。猶知分辨善惡。惟無善無不善之說最無狀。他就此無善無惡之名。渾無分別。雖爲善爲惡。總無妨也。與今世不擇善惡。顛倒是非。而稱爲本性者。何以異哉。○陳氏曰。韓子謂人之所以爲性者五。曰仁義禮智信。此語似看得性字端的。但分爲三品。又差了。三品只說得氣稟。然氣稟不齊。或相什百千萬。按此文則微子比干皆紂之叔父。而豈但三品而已哉。書稱微子爲商王元子。疑此或有誤字

今曰性善。然則彼皆非與。孟子曰。乃若其情則可以爲善矣。乃所謂善也。與平聲

乃若發語辭。慶源輔氏曰。先儒皆訓若爲順。言順其本然之情。則無不善。恐不必如此說。蓋情自善。不待順之。而善也。且此乃若正與下文若夫字相對。故斷以爲發語辭。情者性之動也。人之情本但可以爲善而不可以爲惡。則性之本善可知

矣朱子曰性不可說情却可說所以告子問性孟子却答他情蓋謂情可爲善則性無有不善所謂四端者皆情也仁是性惻隱是情也惻隱是仁發出來的端芽如一箇穀種相似穀之生是性發爲萌芽是情也所謂性只是那仁義禮智四者而已○北溪陳氏曰在心裏未發動底爲性事物觸着便發動出來底是情這動底只是就性中發出來不是別物情之中節是從本性發來便是善其不中節是感物欲而動不從本性發來便有不善○慶源輔氏曰情只是性之動因其情之善而可以知其性之本善若程子謂天下之理原其所自無有不善喜怒哀樂未發何嘗不善發而中節亦何往而不善此則又因其性之善而知其情之無不善也○新安陳氏曰性渾然全體在中未發無形象可見動而爲情方可見耳仁義禮智之性動而爲惻隱羞惡辭遜是非之情所謂本但可爲善而不可爲惡者也因其情之善而可知其性之本善蓋遡其流而知其源也如水之初流出尚清則可知其末流之先清也必矣此乃若其情至乃所謂善也已包下文惻隱之心至我固有之也之意下文乃盡發此意耳

若夫爲不善非才之罪也夫音扶

才猶材質人之能也人有是性則有是才性既善則才亦善人之爲不善乃物欲陷溺而然非其才之罪也問才是以其能解作用底說材質是合形體說否朱子曰是兼形體說如說材料相似○問才與材字之別曰才字是就義理上說材字是就用上說如人見其濯濯也以爲未嘗有材用木旁材字便是指適用底說非天之降才爾殊便是就義理上說○情是這心裏動出有箇路脉曲折隨物恁地去才是能主張運動做事底這事有人做得有不會做得這處可見其才○性如水情如水之流情既發則有善有不善在人如何耳才則可爲善者也彼其性既善則其才亦可以爲善今乃至於爲不善是非才如此乃自家使得才如此故曰非才之罪○問性之所以無不善以其出於天也才之所以有善不善以其出於氣也要之性出於天才亦出於天何故便至如此曰性是形而上者氣是形而下者形而上者全是天理形而下者只是那查滓至於形又是查滓至濁

者也○問孟子言情與才皆善如何曰情本自善其發也未有染汚何嘗不善才只是資質亦無不善譬物之未染只是白也又曰性之本體理而已情則性之動而有爲才則性之具而能爲者也性無形象聲臭之可形容也故以二者言之誠知二者之本善則性之善必矣○西山眞氏曰善者性也而能爲善者才也性以體言才以用言才本可以爲善而不可以爲惡今乃至於爲不善者是豈才之罪也哉陷溺使然也○雙峯饒氏曰孟子是指那好底才說如仁之能愛其親義之能敬其兄所謂良能是也

惻隱之心人皆有之羞惡之心人皆有之恭敬之心人皆有之是非之心人皆有之惻隱之心仁也羞惡之心義也恭敬之心禮也是非之心智也仁義禮智非由外鑠我也我固有之也弗思耳矣故曰求則得之舍則失之或相倍蓰而無算者不能盡其才者也鑠式灼反惡去聲舍上聲蓰音師

恭者敬之發於外者也。敬者恭之主於中者也。北溪陳氏曰：恭就貌上說，敬就心上說。鑠，以火銷金之名，自外以至內也。筭，數也。言四者之心，人所固有，但人自不思而求之耳，所以善惡相去之遠，由不思不求而不能擴充以盡其才也。朱子曰：惻隱羞惡，心也。能惻隱羞惡，發揮之至於仁義不可勝用者，才也。○問不能盡其才。曰：才是能去恁地做底。性本好，發於情也只是好，到得動用去做也只是好。不能盡其才，是發得略好，便自阻隔了，不順他道理做去。若盡惻隱之才，則必當至於博施濟衆；盡羞惡之才，則必當至於一介不取予，祿之天下弗顧，千駟弗視。這是本來自合恁地滔滔做去，止緣人爲私意阻隔，多是有些發動後便遏折了。天便似天子，命便似將告勅付與人，性便似人所受職事，情便似親臨這職事，才便似去動作行做許多事。○人皆有許多才，聖人却做許多事，我不能做得些事出，故謂相倍蓰而無筭者，不能盡其才者也。一性之中，萬善完備，發用出來，事事做得，便是盡其才。○其未發也，性雖寂然不動，而其中自有條理，自有間架，不是儱侗都無一物。所以外邊纔感，中間便應。如赤子入井之事感，則仁之理便應，而惻隱之心於是乎形。如過廟過朝之事感，則禮之理便應，而恭敬之心於是乎形。蓋由其中間衆理渾具，各各分明，故外邊所遇隨感而應。所以四端之發各有面貌之不同，是以孟子析而爲四，以示學者，使知渾然全體之中而粲然有條若此。○慶源輔氏曰：仁義禮智，性也；惻隱至是非，性之動而爲情也。皆謂之心，心統性情者也。四者之心，根於本性，非如火之銷金自外至内，但人自不思不求耳。○西山眞氏曰：物有求而弗得者，在外故也；性求其在我者，何不得之有？思而求之，則得之而全其本善；不思不求，則失之而流於惡。善惡相去之遠，由一倍五倍而極於無筭者，皆不思不求不能擴充以盡其才故也。本然之才初無限量，極天下之善無不可爲，今乃如此，是有才而不能盡其才耳。曰思，曰求，而又曰盡，皆孟子喫緊教人處。

前篇言是四者爲仁義禮智之端，而此不言端者，彼欲其擴而充之，此直因用以著其本體，故言有不同耳。雲峯胡氏曰：前篇於四者言端，欲人充廣。此不言端，而直因用以著其本體，欲人體認。前以辭讓爲禮之端，辭讓皆以發乎外者言。此曰恭敬，則兼以外與内而言，故不必言端。

詩曰：「天生蒸民，有物有則。民之秉夷，好是懿德。」孔子曰：「爲此詩者，其知道乎！故有物必有則，民之秉夷也，故好是懿德。」好，去聲。

詩大雅蒸民之篇。蒸，詩作烝，衆也。物，事也。則，法也。夷，詩作彝，常也。懿，美也。有物必有法：如有耳目，則有聰明之德；有父子，則有慈孝之心，是民所秉執之常性也，故人之情無不好此懿德者。新安陳氏曰：於好字上見得是情。集註此情字與上文乃若其情相應。以此觀之，則人性之善可見，而公都子所問之三說皆不辨而自明矣蔡氏曰惻隱等正是指性之初發動處以明未發動之理又舉蒸民詩者當然之則無物不體而此理之妙實根於人性之本然惟人之生各秉其有常之性所以應事接物皆好此美德而不容已也所謂懿德即所謂物之則也其曰好是者即指上文秉彝而言天命之所賦者謂之則人性之所秉者謂之彝存於心而有所得者謂之德實一而已孔子又加一必字於有則之上加一故字於好是之上其旨愈明矣孟子舉此者蓋謂秉彝懿德即是常性心之所好者德即是情之發動者不外乎性就性初發動為情處指出以示人方見得性之本無不善也○程子曰性即理也理則堯舜至於塗人一也才稟於氣氣有清濁稟其清者為賢稟其濁者為愚學而知之則氣無清濁皆可至於善而復性之本湯武身之是也孔子所言下愚不移者則自暴自棄之人也朱子曰理精一故純氣粗故雜○理如寶珠氣如水有是理而後有是氣有是

氣則必有是理。但氣稟之清者爲聖賢。如珠落在清水中。稟氣之濁者爲愚暗。如珠落在濁水中　又曰。論性不論氣不偹。論氣不論性不明。二之則不是。朱子曰。論性不論氣。則無以見其生質之異。論氣不論性。則無以見義理之同。孟子之言性善者。前聖所未發也。而此言者。又孟子所未發也○本然之性。只是至善。然不以氣質論之。則莫知其有昏明開塞剛柔强弱。故有所不偹。徒論氣質之性。而不自本原言之。則雖知有昏明開塞剛柔强弱之不同。而不知至善之原未嘗有異。故有所不明。須是兩邊都說。理方明偹○北溪陳氏曰。只論大本而不及氣稟。則所論有欠闕未偹。若只論氣稟而不及大本。便只說得粗底。道理全然不明。千萬世而下。學者只得按他說。更不可改易○潜室陳氏曰。孟子性善。從源頭上說。及論情論才。只是說善。不論氣質清濁厚薄。是不偹也。諸子紛紛之說。各自把氣質分別。便作天性看了。其不明之失爲害滋甚。孔門性相近。習相遠。却就氣質之性上論清濁。至說上智下愚。乃論得氣清之十分厚者爲上智。氣濁之十分薄者爲下愚。其間相近者。乃是中人。清濁在四六之間。總起是三等氣質。此說乃是與孟子之說互相發明。要知孔子是說氣質之性。孟子是說源頭本然之性。諸子只是把氣質便作本然之性看錯了。○新安陳氏曰。須是論性兼論氣。不判而二之方是

張子曰。形而後有氣質之性。善反之。則天地之性存焉。故氣質之性。君子有弗性者焉。

朱子曰。論天地之性。則專指理而言。論氣質之性。則以理與氣雜而言之。天地之性。則太極本然之妙。萬殊之一本也。氣質之性。則二氣交運而生。一本而萬殊也。氣質之性。即此理墮在氣質之中耳。非別有一性也。○性只是理。然無那氣質。則此理沒安頓處。但得氣之清明則不蔽固。此理順發出來。蔽固少者。發出來天理勝。蔽固多者。則私欲勝。便見得本原之性無有不善。只被氣質有昏濁則隔了。學以反之。則天地之性存矣。故說性。須兼氣質言之方備。○氣質之說起於張程。極有功於聖門。有補於後學。言之使人深有感。如退之說性三品也。是但不曾分明說是氣質之性耳。孟子說性善。但說得本原處。却不曾說得氣質之性。所以亦費分疏。使張程之說早出。則諸子說性惡與善惡混等。自不用爭論。故張程之說立。則諸子之說泯矣

○孟子雖不言氣質之性，然於告子生之謂性之辨，亦既微發其端矣。但告子辭窮，無復問辨，故亦不得而盡其辭焉。至周子出，始復推明太極陰陽五行之說，以明人物之生，其性則同，而氣質之所從來，其變化錯糅有如此之不齊者。至程子始明性之爲理，而與張子皆有氣質之說。○氣質之性，便只是這箇天地之性，却從那裏過。好底性如水，氣質之性如殺些醬與鹽，便是一般滋味。○又曰：天地之所以生物者，理也。其生物者，氣與質也。人物得是氣質以成形，而其理之在是者，則謂之性也。○勉齋黃氏曰：學者知理之無不善，則當加存養之功。知氣質之有善有不善，則當施矯揉之力。○北溪陳氏曰：氣質之性，是以氣稟言之。天地之性，是以大本言之。其實天地之性亦不離乎氣質之中，只是就那氣質之中分別出氣質之性，不與相離而言耳。○雙峯饒氏曰：人未生以前，不喚做性。既生以後，方喚做性，纔喚做性，便衮在氣質中，所以有善有不善。此氣質之性也。然性之本然，惟有善而已。就氣質中指那本然者說，是則天地之性也。若不分做兩箇性說，則性之與氣鶻突無分曉。若不合做一箇性說，認做兩件物事去了。故程子曰：二之則不是。問善反之，則天地之性存焉。不知未一反以前此性亦存否曰不曾反時此性亦未嘗無且如一鄙吝人見殘疾也知憐憫一強梁人見好人也知恭遜畢竟有箇性在內不知不覺忽然發見出來但人有氣質物欲之累則此性不能常存須於善反上做工夫方存得性之本體問反之之工夫如何曰涵養體認克治充廣皆是反之之道譬如水被泥沙混了若加澄治則本然之清仍在孟子說夜氣使是要人涵養說四端及擴充便是要體驗充廣獨有克治一邊却不曾說○新安陳氏曰論性不論氣是說孟子其論甚正而明但不曾說破氣質不周偹耳論氣不論性是說荀揚則全外繆而說理不明其害大矣孟子性善之說正而未偹得程子性即理也之說足以助其甚正者又得張程氣質之說足以補其未偹者朱子會萃提掇盡發其秘而無餘蘊其繼往開來之功大矣哉○又曰文勢如君子弗謂性也君子既善變化其氣質之性而復其天地之性矣故氣質之性君子弗以爲性也

愚按程子此說才字與孟子本文小異蓋孟子專指其發於性者言之故以爲才無不善程子兼指其稟於氣者言之

則人之才固有昏明強弱之不同矣張子所謂氣質之性是也二說雖殊各有所當〔去聲〕然以事理考之程子爲密蓋氣質所稟雖有不善而不害性之本善性雖本善而不可以無省〔悉井反〕察矯揉〔人九反〕之功〔省察屬知矯揉屬行〕學者所當深玩也〔問孟子程子論才字同異朱子曰才只一般能爲之謂才才之初亦無不善緣他氣質有善惡故其才亦有善惡孟子自其同者言之故以爲出於性程子則自其異者言之故以爲稟於氣大抵孟子多是專以性言故以爲性善才亦無不善到周程張子方說到氣上要之須是兼二者言之方備○集註中以程子爲密即見得孟子所說未免少有䟽處今但以程子爲主而推其說以陰補孟子之不足則於理無遺矣○雲峯胡氏曰程子就氣質上說則情或有不善不可無省察之功才或有不善不可無矯揉之功集註此矯揉二字與此篇首章所謂矯揉不同首章是告子之說以本然之性必待矯揉而後可以爲善此則先儒〕

之說以氣質之性必加矯揉而後可變其不善二者正相反也

○孟子曰富歲子弟多賴凶歲子弟多暴非天之降才爾殊也其所以陷溺其心者然也

富歲豐年也賴藉慈夜反也豐年衣食饒足故有所顧藉而為善凶年衣食不足故有以陷溺其心而為暴問程子謂語其才則有下愚之不移與孟子之意不同朱子曰孟子只見得性善便把才都做善不知有氣稟之不同程子說得較密○新安陳氏曰天之降才與書所謂上帝降衷文意略似言非天賦以有為之才如此殊異也乃阻饑而陷溺其良心賊其為善之才而然耳

今夫麰麥播種而耰之其地同樹之時又同浡然而生至於日至之時皆熟矣雖有不同則地有肥磽雨露之養人

事之不齊也。夫音扶。麰音牟。耰音憂。磽苦交反。

麰，大麥也。耰，覆敷救反種上聲也。韻會徐氏曰：布種後以耰摩田，使土之開處復合，曰覆種。日至之時，謂當成熟之期也。磽，瘠音夕薄也。新安陳氏曰：種麥三者多同。雖其間有多寡之不同者，則以地有肥瘠之分，雨露有有無之異，人事有勤惰之不齊故耳。以譬降才同，而養其心與陷溺其心有不同也。

故凡同類者，舉相似也，何獨至於人而疑之？聖人與我同類者。

聖人亦人耳，其性之善無不同也。新安陳氏曰：凡同類，謂凡物之同類者。人性善無不同，此提掇綱領處。

故龍子曰：不知足而爲屨，我知其不爲蕢也。屨之相似，天

下之足同也蕢音匱

蕢草器也不知人足之大小而爲之屨雖未必適中然必似足形不至成蕢也

口之於味有同耆也易牙先得我口之所耆者也如使口之於味也其性與人殊若犬馬之與我不同類也則天下何耆皆從易牙之於味也至於味天下期於易牙是天下之口相似也耆與嗜同下同

易牙古之知味者言易牙所調之味則天下皆以爲美也新安陳氏曰易牙齊桓公臣能辨淄澠二水味此先得我口之所耆已爲下文先得我心之所同然者張本矣

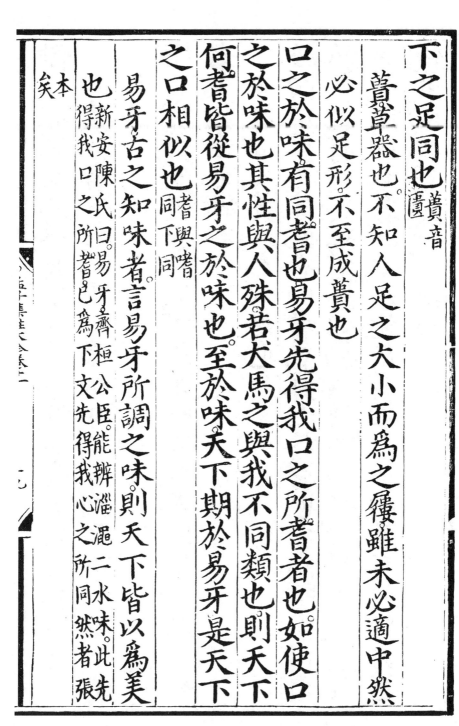

惟耳亦然至於聲天下期於師曠是天下之耳相似也

師曠能審音者也言師曠所和之音則天下皆以爲美也

惟目亦然至於子都天下莫不知其姣也不知子都之姣者無目者也姣古卯反

子都古之美人也姣好也

故曰口之於味也有同耆焉耳之於聲也有同聽焉目之於色也有同美焉至於心獨無所同然乎心之所同然者何也謂理也義也聖人先得我心之所同然耳故理義之悅我心猶芻豢之悅我口

然猶可也。朱子曰：然，是然否之然。人心同以爲然者，義理也。草食曰芻，牛羊是也。穀食曰豢，音患。犬豕是也。程子曰：在物爲理，處上聲物爲義。體用之謂也。孟子言人心無不悅理義者，但聖人則先知先覺乎此耳，非有以異於人也。程子又曰：理義之悅我心，猶芻豢之悅我口，此語親切有味。須實體察得義理之悅心，眞猶芻豢之悅口，始得。朱子曰：理是此物上便有此理，義是於此物上自家處置合如此，便是義。揚雄言義以宜之，韓愈言行而宜之之謂義，若以義爲宜，則義有在外意思。須如程子言處物爲義，是則處物者在心而非外也。非處物爲義一句，則後人恐未免有義外之見。蓋物之宜雖在外，而所以處之使得其宜者則在內也。○理義人心之同然。如人之爲事，自家處之當於義，人莫不以爲然，無有道不好者。又如人皆知君父之當事，我能盡忠盡孝，天下莫不以爲當然，此心之所同也。如今處一件事。苟當於理。則此心必安。人亦以爲當然。如此。則其心悅乎不悅乎。悅於心必矣。○雲峯胡氏曰。芻豢人之所同耆也。耆之斯悅之矣。理義人之所同然也。然之斯悅之矣。○新安陳氏曰。此章大意以人心理義之同。而見人性之皆善也。衆人與聖人同此至善之性。所以同此理義之心。本同而未莫之同者。陷溺其心故也。能以理義養其心而不至陷溺其心。則心得所養於理義得無味之味。如悅芻豢有味之味。其於希聖之學。自將勉勉循循。而欲罷不能矣。始與聖人同耆其終何患與聖人不同哉

○孟子曰。牛山之木嘗美矣。以其郊於大國也。斧斤伐之。可以爲美乎。是其日夜之所息。雨露之所潤。非無萌蘖之生焉。牛羊又從而牧之。是以若彼濯濯也。人見其濯濯也。以爲未嘗有材焉。此豈山之性也哉蘖五割反

牛山。齊之東南山也。邑外謂之郊。言牛山之木。前此固

嘗美矣。今爲大國之郊，伐之者衆，故失其美耳。息，生長上聲，下同。也。雙峯饒氏曰：息本訓止息。纔息便生，故息又訓生。日夜之所息，謂氣化流行未嘗間去聲斷徒玩反。故日夜之間，凡物皆有所生長也。萌，芽也。蘖，芽之旁出者也。濯濯，光潔之貌。材，材木也。言山木雖伐，猶有萌蘖，而牛羊又從而害之，是以至於光潔而無草木也。新安陳氏曰：山以生物爲性，猶曰天地以生物爲心。謂爲無材，豈山之本性哉。此全是引起以譬喻下一節。

雖存乎人者，豈無仁義之心哉？其所以放其良心者，亦猶斧斤之於木也，旦旦而伐之，可以爲美乎？其日夜之所息，平旦之氣，其好惡與人相近也者幾希，則其旦晝之所爲有梏亡之矣。梏之反覆，則其夜氣不足以存；夜氣不足以存，則其違禽獸不遠矣。人見其禽獸也，而以為未嘗有才焉者，是豈人之情也哉？好惡並去聲。梏工毒反。

良心者，本然之善心，即所謂仁義之心也。平旦之氣，謂未與物接之時，清明之氣也。好惡與人相近，言得人心之所同然也。幾希，不多也。梏，械也。下戒反。朱子曰：梏，如被禁械在那裏，更不容他轉動。亡，如將自家物失去了。反覆，展轉也。朱子曰：反覆，非顛倒之謂，蓋有互換更迭之意。言人之良心雖已放失，新安陳氏曰：物欲者，伐良心之斧斤也。然其日夜之間，猶必有所生長。故平旦未與物接，其氣清明之際，良心猶必有所發見。見形甸反，下同。者，但其發見至微，而旦晝所爲之不善，又已隨而梏亡之。如山木既伐，猶有萌蘖，而牛羊又牧之也。朱子曰。平旦之氣，只是夜間息得許多時節，不與事物接，纔醒來便有得這些清明之氣。此心自恁地虛靜。少間纔與物接，依舊又汨沒了。晝之所爲既有以害其夜之所息。夜之所息又不能勝其晝之所爲。是以展轉相害。至於夜氣之生日以寢音浸薄，而不足以存其仁義之良心。則平旦之氣亦不能清，而所好惡遂與人遠矣。

程子曰。夜氣之所存者。良知也。良能也。苟擴而充之。化旦晝之所梏爲夜氣之所存。然後有以至於聖人也。○朱子曰。日夜之所息。底是良心。平旦之氣自是氣。夜氣如雨露之潤。良心如萌蘖之生。人之良心雖有梏亡。而彼未嘗不生也。○此段首尾只爲良心設。夜氣不足以存。蓋以夜氣至清。足以存此良心。平旦之氣亦清。亦足以存此良心。故其好惡與人相近。但此心存得不多時也。梏亡之。人謂梏亡其夜氣。非也。謂梏亡其良心也。○

夜氣不足以存。皆是旦晝所爲壞了。所謂好惡與人相近。今只要去這好惡上理會。日用間。於這上見得分曉。有得力處。夜氣方與你存。夜氣上却未有工夫。只是去旦晝理會。這裏有工夫。日間添得一分道理。夜氣便添得一分。日間只管進。夜間只管添。這氣便盛。○氣日裏也生。夜間也生。只是日間生底。爲物欲梏亡。隨手又耗散了。夜間生底則聚在那裏不曾耗散。所以養得那良心。譬如一井水。終日攪動便渾了。至夜稍靜便有淸水出。所謂夜氣不足以存者。如攪動得太甚。則雖有止息時此水亦不能淸矣。○人心每日梏於事物。斲喪戕賊。所餘無幾。唯夜氣靜庶可以少存耳。至夜氣之靜。而猶不足以存。則人理都喪。去禽獸不遠矣。前輩皆無明說。某因將孟子反覆熟讀。方看得出。後看程子說夜氣之所存者良知良能也。與臆見合。以此知觀書須熟讀深思。道理自見。○氣與理本相依。旦晝之所爲不害其理。則夜氣之所養益厚。夜之所息旣有助於理。則旦晝之所爲。益無不當矣。日間梏亡者寡。則夜氣自然淸明虛靜。至平旦亦然。至旦晝應事接物時亦莫不然。○夜氣是母。所息者是子。蓋所息者本自微了。旦晝只管梏之。今日梏一分。明日梏一分。所謂梏之反覆而所息者泯。

夜氣亦不足以存。若能存。便是息得仁義之良心。仁義之心。人所固有。但放而不知求。則天之所以與我者。始有所汩沒矣。是雖如此。然其日夜之所息。至於平旦。其氣清明。不爲利慾所昏。則本心好惡。猶有與人相近處。至其旦晝之所爲。又有以梏亡之。梏之反覆。則雖有這些夜氣。亦不足以存養其良心。反覆只是循環。夜氣不足以存。則雖有人之形。其實與禽獸不遠。故下文復云。苟得其養。無物不長。苟失其養。無物不消。良心之消長。只在得其養與失其養爾。牛山之木。嘗美矣。是喻人仁義之心。郊於大國。斧斤伐之。猶人之放其良心。日夜之所息。雨露之所潤。非無萌蘖之生。便是平旦之氣。其好惡與人相近處。旦晝之梏亡。則又所謂牛羊又從而牧之。雖芽蘖之萌。亦且戕賊無餘矣。○此章以仁義之良心爲主。其存其亡。皆以心言之。下文引孔子之言。以明心之不可不操。則意益明矣。但日夜所息以下。只以好惡相近爲良心之萌蘖。不復更著心字。故說者謂氣有存亡。而欲致養於氣。誤矣。○趙氏曰。仁義。性也。而集註以心言者。統乎性也。良心。即仁義之心。即所謂性也。○雲峯胡氏曰。此章以山木喻人心。分爲兩段。每段皆當分六節看。第一節是說牛山之木本來自美。喻人仁義之良心本來未嘗無。第二節以斧斤之伐。喻良心之放。第三節萌蘗之生。喻好惡與人相近者幾希。言旣伐之後。其發至微。此心之存甚不多。如萌蘗之生甚不多也。第四節謂萌蘗之生本自不多。而牛羊又牧之。喻夜氣之所存者本自不多。而旦晝所爲之不善又梏之也。第五節謂向也猶有萌蘗之生。今則濯濯無復存矣。喻良心向也猶有與人相近者。今則去禽獸不遠矣。但木與良心皆有日夜之所息。而惟於人曰夜氣者。木之萌蘗一絕於牛羊旣牧之後。無復存者。人之良心。夜之所息者。已絕於日之所爲。而夜無所爲。則其氣猶足以存。所謂存者。謂夜氣猶足以存其本然之良心也。至於梏之反覆。則雖有夜氣。亦不足以存矣。第六節謂人但見其濯濯而不見其初也。未嘗不美。喻人但見其近於禽獸。而不見其存乎人者。未嘗無仁義之良心也。材字與才字不同。朱子以爲才字是就義理上說。材字是就用上說

○新安陳氏曰。前言好惡與人近。今遂去禽獸不遠。則與人遠矣。人見其如此。而以爲未嘗有能爲之才者。此豈人性發而爲情之本然者哉。此所謂才與情與前章乃若其情。天之降才意同。皆發於性者也

故苟得其養無物不長苟失其養無物不消長上聲

山木人心其理一也朱子曰此段緊要在苟得其養四句存是箇保養護衛底意苟得其養無物不長苟失其養無物不消見得雖梏亡之餘有以養之則仁義之心即存緣是此心本不是外面取來乃是與生俱生下又說存養之要舉孔子之言操則存舍則亡見此良心其存亡只在眇忽之間纔操便在這裏纔舍便失去若能知得常操之而勿放則良心常存夜之所息益有所養夜之所養愈深則旦晝之所爲無非良心之發見矣○慶源輔氏曰此總結上二段意○新安陳氏曰斧斤伐牛羊牧山木之失養而消也放其良心所爲梏亡人心之失養而消也所以養其心者不外乎下文之操存而已此結上二段以起下文所引孔子語之意

孔子曰操則存舍則亡出入無時莫知其鄉惟心之謂與舍音捨與平聲

孔子言心，操之則在此，捨之則失去，其出入無定時，亦無定處如此。北溪陳氏曰：忽然出，忽然入，無有定時。忽在此，忽在彼，亦無定處。操之便存在此，捨之便亡失了。孟子引之，以明心之神明不測，得失之易去聲，而保守之難。雲峯胡氏曰：得之易者，謂操則存；失之易者，謂舍則亡；保守之難者，謂出入無時，莫知其鄉。不可頃刻失其養，學者當無時而不用其力，使神清氣定，常如平旦之時，則此心常存，無適而非仁義矣。新安陳氏曰：此集註推廣孟子言外意，繳上上文，收結一章之義。程子曰：心豈有出入，亦以操舍而言耳。操之之道，敬以直內而已。朱子曰：心豈有出入，出只指外而言，入只指內而言，只是要人操而存之耳。非是如物之散失而後收之也。○心是箇活物，須是操守，不要放舍。舍不是無，只是走作逐物去了。又見得心不操則舍，不出則入，無閑處可以安頓。惟心之謂與，直指而

總結之○孟子大意只在操則存舍則亡兩句上心一
放時便是斧斤之伐牛羊之牧一收斂在此便是日夜
之息雨露之潤他是要人於旦晝時不爲事物所汨人
心能操則常存豈特夜半平旦○問范淳夫女讀孟子
曰孟子誤矣心豈有出入伊川聞之曰此女雖不識孟
子却識心伊川此語是許之是不許之曰此女必天資
高見此心常湛然安定無出入然衆人不能皆如此若
通衆人論之心却是走作底物孟子所引夫子之言是
通衆人論耳○問不能操而存之則其出而逐物於外
與其偶存於內者皆荒忽無常莫知定處然所謂入者
亦非此心既出而復自外入也亦曰逐物之心暫息則
此心未嘗不在內耳學者於此苟能操而存之則此心
不放而常爲主於內矣○孔子此四句只是狀人之心
是箇難把捉底物事而人之不可不操出入便是上面
操存舍亡入則是在這裏出則是亡失了此大約泛言
人心如此非指已放者而言亦不必要於此論心之本
體也○心體固本靜然亦不能不動其用固本善然亦
能流而入於不善夫其動而流於不善者固不可謂心
體之本然亦不可不謂之心也但其誘於物而然耳
故先聖只說操則存存則靜而其動也無不善矣舍則

亡。於是乎有動而流於不善者。出入無時。莫知其鄉。出者亡也。入者存也。本無一定之時。亦無一定之處。特係於人之操舍如何耳。只此四句。說得心之體用始終眞妄邪正。無所不備。○新安陳氏曰。敬以直內。本文未有此意。乃程子揭要義以補孟子之意也

○愚聞之師延平李先生曰。人理義之心未嘗無。唯持守之即在爾。若於旦晝之間不至梏亡。則夜氣愈清。夜氣清。則平旦未與物接之時。湛然虛明氣象自可見矣。潛室陳氏曰。此段境界。乃指示喪失良心者。欲其認取此時體段。從此養去也孟子發此夜氣之說。於學者極有力。宜熟玩而深省悉井反之也雙峯饒氏曰。此章緊要在三箇存字。首說存乎人者。是說此心本來存。次說夜氣不足以存。是說衆人不能存此心。終說操則存。是教人用力以存此心。○雲峯胡氏曰。集註論浩氣。則以爲擴前聖所未發。學者所當潛心而玩索。此論夜氣。則以爲於學者極有力。宜熟玩而深省。蓋此兩氣字前此未發。而孟子發之。

浩氣謂是氣之體段人皆得之於天地以生者夜氣則從浩氣中說夜間又清明如此非有二氣也浩氣是統說夜氣則爲人之放其良心者說聖人志氣常清明無放心故無夜氣若學者尤宜深省不但當玩索而已○東陽許氏曰浩然章論養氣而以心爲主此章論養心而以氣爲驗曰志者氣之帥故謂以心爲主曰平旦好惡與人相近故謂以氣爲驗集義固爲養氣之方所以知夫義而集之者乃心也養心固戒其梏亡驗其所息而可致力者則氣也彼欲養而無暴以充吾仁義之氣此欲因氣之息以養吾仁義之心兩章之持志操心之意未嘗不同而氣則有在身在天之異然未始不相爲用也

○孟子曰無或乎王之不智也

或與惑同疑怪也王疑指齊王

雖有天下易生之物也一日暴之十日寒之未有能生者也吾見亦罕矣吾退而寒之者至矣吾如有萌焉何哉易去

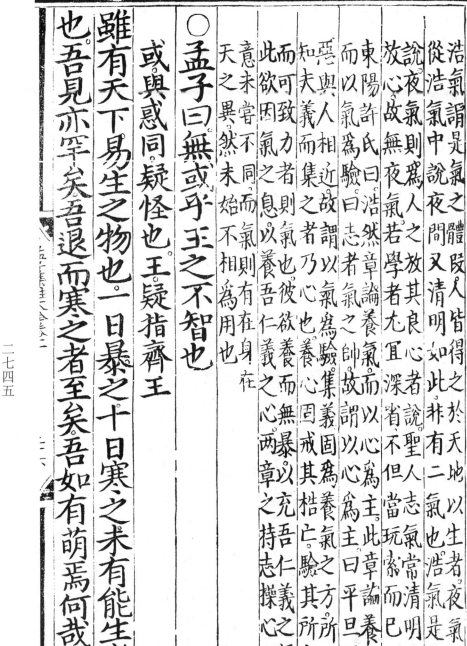

聲。暴，步卜反。見，音現。

暴溫之也。我見王之時少，猶一日暴之也。我退則諂諛雜進之日多，是十日寒之也。雖有萌蘖之生，我亦安能如之何哉？西山眞氏曰：人主之心，養之以義理則明，蔽之以物欲則昏，猶草木然，煖之以陽則生，寒之以陰則悴。孟子於齊王，引以當道，主秉彝之心，其端倪亦有時而萌動矣。而進見之時少，理義浸灌之益微，退而蔽之以私欲者何可勝旣，雖有如萌芽之發，旋復摧折，雖孟子其如之何哉。○勿軒熊氏曰：此見孟子格心之學，須就有萌上著力，善端之發，正須正人賢士輔翼而開廣之。

今夫弈之爲數，小數也；不專心致志，則不得也。弈秋，通國之善弈者也。使弈秋誨二人弈，其一人專心致志，惟弈秋之爲聽。一人雖聽之，一心以爲有鴻鵠將至，思援弓繳而

射之雖與之俱學弗若之矣為是其智弗若與曰非然也夫音扶繳音灼射食亦反為是之為去聲若與之與平聲

弈圍棊也數技也致極也弈秋善弈者名秋也繳以繩繫矢而射也雙峯饒氏曰心以所主者言志以所向者言專心是心之所主專在此致志是極其心之所向直到那田地○新安陳氏曰此章前一譬謂交脩者不得常用其力後一譬謂自脩者不肯專用其力意孟子之於齊王既進見時少無以勝衆邪之交蔽而齊王之於孟子又聽信不專有以分其心於多岐故設兩譬以言之前言王之不智後言智不若因群邪寒之者之罪亦自鴻鵠其心之罪也○程子為講官言於上曰人主一日之間接賢士大夫之時多親宦官宮妾之時少則可以涵養氣質而薰陶德性時不能用識者恨之范氏曰人君之心惟在所養君子養之

以善則智。小人養之以惡則愚。然賢人易（去聲，下同）踈，小人易親。是以寡不能勝衆，正不能勝邪。自古國家治（去聲）日常少，而亂日常多，蓋以此也。

南軒張氏曰：物固有生之理。然不養而害，則雖易生之物，亦不能以長。是則物未有不待養而能生者也。一日暴之，十日寒之，則養之也微，而害之者深矣，則其生理焉得而遂哉。是以古之明君，懼一暴十寒之為害也，則博求賢才，寘諸左右，朝夕與處，而遠佞人，所以養德也。豈獨人君為然，一暴十寒之病，為士者其可一日而獨不念乎。然其要則在乎專心致志而已。專心致志，學之大方，居敬之道也。○慶源輔氏曰：後世作事無本，知求治而不知正君，知攻過而不知養德。若程子、范氏之說，是乃所謂正君養德之道，必如是然後君德成而治有本，庶幾三代可復。不然，雖欲言治，亦苟而已。○雲峯胡氏曰：此章首末言智，集註不及之，獨紀范氏之言。君子養之以善則智，小人養之以惡則愚。然則人主之智與不智，在乎所養之正與不正耳。

○孟子曰魚我所欲也熊掌亦我所欲也二者不可得兼舍魚而取熊掌者也生亦我所欲也義亦我所欲也二者不可得兼舍生而取義者也舍上聲

魚與熊掌皆美味而熊掌尤美也

生亦我所欲所欲有甚於生者故不爲苟得也死亦我所惡所惡有甚於死者故患有所不辟也惡辟皆去聲下同

釋所以舍生取義之意得得生也欲生惡死者雖衆人利害之常情而欲惡有甚於生死者乃秉彝義理之良心是以欲生而不爲苟得惡死而有所不避也朱子曰義在於生則舍死而取生義在於死則舍生而取死○問生人心義道心乎曰欲生惡死人心也惟義所在道心也權

輕重。却又是義。慶源輔氏曰。利害之常情。私欲也。秉彝之良心。天理也。孟子只就欲惡二者中分別出天理人欲最明切。新安陳氏曰。人遇死生之大變。欲全生則害義。欲合義則不得生。與其不義而生。不若合義而死。是義之可欲。有甚於生之可欲。故不爲苟得以偷生。不義之可惡。有甚於死之可惡。故甘死而不肯避死也

如使人之所欲莫甚於生。則凡可以得生者何不用也。使人之所惡莫甚於死者。則凡可以辟患者何不爲也

設使人無秉彝之良心。而但有利害之私情。則凡可以偷生免死者。皆將不顧禮義而爲之矣。慶源輔氏曰。偷。謂偷竊。免。謂苟免。此兩字說盡私情之意象。惟其不然。則知秉彝之良心。乃吾所固有。而利害之私情乃因物而旋生出耳

由是則生而有不用也。由是則可以辟患而有不爲也

由其必有秉彝之良心。是以其能舍生取義如此。慶源輔氏

曰由是之是蓋指秉彝之良心而言也

是故所欲有甚於生者，所惡有甚於死者，非獨賢者有是心也，人皆有之，賢者能勿喪耳。喪，去聲。

羞惡之心，人皆有之，但衆人汨音骨於利欲而忘之，惟賢者能存之而不喪耳。慶源輔氏曰：羞惡之心即所謂秉彝之良心也。秉彝之良心是指其全體而言，羞惡之心則又於全體之中指其所謂義者言之也。

一簞食，一豆羹，得之則生，弗得則死。嘑爾而與之，行道之人弗受；蹴爾而與之，乞人不屑也。食音嗣。嘑，呼故反。蹴，子六反。

豆，木器也。嘑，咄當沒反啐七內反之貌。行道之人，路中凡人也。蹴，踐踏也。乞人，丐乞之人也。不屑，不以爲潔也。言雖欲食之急而猶惡無禮有寧死而不食者是其羞惡之本心欲惡有甚於生死者人皆有之也慶源輔氏曰路人與乞丐人至微賤者也簞食豆羹生死所繫利害之至急切者也於此而猶惡無禮寧舍之而不食則羞惡之本心所惡有甚於生死者可見人無有無是心者也言羞惡而併及夫欲者羞惡則固爲惡矣及反之而不羞惡焉爲者則是所欲也

萬鍾則不辨禮義而受之萬鍾於我何加焉爲宮室之美妻妾之奉所識窮乏者得我與爲去聲與平聲

萬鍾於我何加言於我身無所增益也新安陳氏曰萬鍾對簞豆而言彼物之微也尚惡無禮非義不可食而不受此物之富者乃不辨禮義而受之吾身受用不假萬鍾之富是萬鍾於吾身其實何所加益哉所識窮乏者得我謂所知識之窮乏者

感我之惠也。上言人皆有羞惡之心。此言衆人所以喪之由此三者。新安陳氏曰。人之喪其良心。固不止於成宮室供妻妾濟知識三者。姑舉三者。他可類推。蓋理義之心。雖曰固有。而物欲之蔽。亦人所易去聲昏也。或曰。萬鍾於我何加焉。他日或爲利害所昏。當反思其初則不爲所動矣。朱子曰。此是克之之方。然所以克之者。須是有本領。後臨時方知克去得。不然臨時比並。又却只是擇利處去耳。

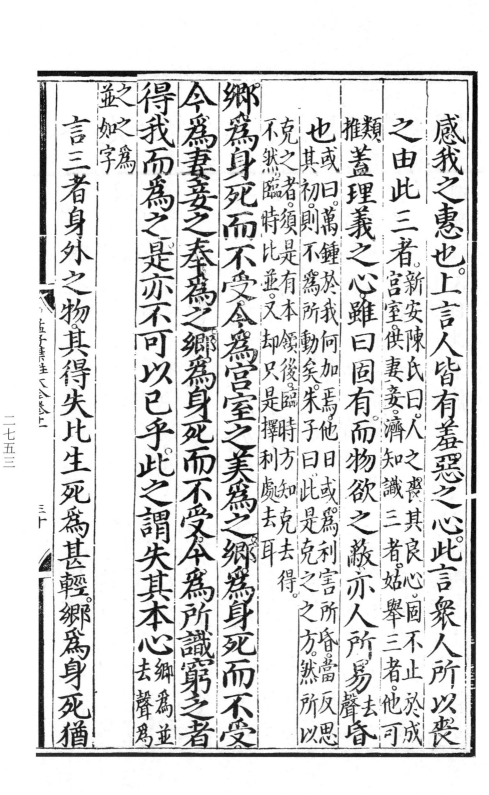

鄉爲身死而不受。今爲宮室之美爲之。鄉爲身死而不受今爲妻妾之奉爲之。鄉爲身死而不受。今爲所識窮乏者得我而爲之。是亦不可以已乎。此之謂失其本心。鄉爲並去聲。爲之之爲。並如字。

言三者身外之物。其得失比生死爲甚輕。鄉爲身死猶不肯受嘑蹴之食今乃爲此三者而受無禮義之萬鍾是豈不可以止乎本心謂羞惡之心東陽許氏曰三鄉爲身北山先生作一讀言鄉爲辱身失義之故尚不受嘑蹴之食以救身之死今乃爲身外之物施惠於人而受失義之祿乎可謂無良心矣○此章言羞惡之心人所固有或能決死生於危迫之際而不免計豐約於宴安之時是以君子不可頃刻而不省悉井反察於斯焉朱子曰此章孟子所論宮室之美妻妾之奉窮乏得我三者或物欲之尤人所易溺或意之私人所不能免者自非燭理素明涵養素定而臨事有省察之功未有不以此而易彼也○慶源輔氏曰羞惡之心雖人之所固有但危迫之際私欲未肆三者之念都未萌芽故天理之發其不可遏有如此者至於宴安之時私欲紛紜展轉不已以至計較豐約都忘義理之心乃其勢之使然也人能於此而省察焉則知所以存天理而遏人欲矣○新安陳氏曰此章前一截反覆發明舍生取義是

說人當託孤寄命之大節時事。中間食羹不受是說一飲食之小節時事。然其能決一死以全義。則無分於大小也。不食非禮之食。蓋是指此以證人皆有羞惡之心。以實上文人能舍生取義之意。集註謂或能決死生於危迫之際。亦併前一截舍生取義處論之。古之君子當舍生取義時。非徒感慨殺身。實能從容就義。如張巡死於睢陽之類。所謂危迫。乃事勢之危迫。非謂舍生就死者之蒼黃失措也。不受非禮之食而死。如齊餓者不受嗟來之食之類。古來真有此等人。然謂其能決死生於危迫之際而又謂有不免計豐約於宴安之時者。蓋危迫之際。物欲不萌。義理之心感發。有不可遏。故往往能決死生。若宴安之時。物欲易行。私意何極。義理之心多至迷溺。故或不免至於計較豐約。亦勢使然也。人能於此省察之。則知所以遏人欲而擴天理矣。又是亦不可以已乎。最喚醒人。人之不能為君子。多是不得已而為之。今此三者。豈不可以已。而乃冒為之乎。此之謂不失本心。尤斷制得明白。失其本心。與前所謂賢者能勿喪耳。正相反。賢者惟克去私欲。故能勿喪其良心。衆人惟汩於私欲。故至於失其本心也

○孟子曰。仁。人心也。義。人路也

仁者。心之德。程子所謂心如穀種。上聲仁則其生之性是也。朱子曰。生之性。便是愛之理。○勉齋黃氏曰。心。是穀種。心之德。是穀種中生之性也。生之性便是理。謂其具此生理而未生也。若陽氣發動。生出萌芽後。已是情。須認得生字。不涉那喜怒哀樂去。○潛室陳氏曰。人心是物。穀種亦是物。只是物之有生理者爾。然便指心爲仁則不可。但人心中具此生理。便以穀種爲仁亦不可。但穀種中亦含此生理。穀不過是穀實結成。而穀之所以纔播種而便萌蘖者。蓋以其有生之性。心不過是血氣做成。而心之所以有運動惻怛處。亦以其有生之性。人心之與穀種。惟其有生之性。故謂之仁。而仁則非梏於二者之形也。孟子只恐人懸空去討仁。故即人心而言。程子又恐人以人心爲仁。故即穀種而言。○新安陳氏曰。遺書云。心譬如穀種。生之性便是仁。陽氣發處乃情也。然但謂之仁。則人不知其切於己。故反而名之曰人心。則可見其爲此身酬酢音昨萬變之主而不可須臾失矣○此失字即是下文放字朱子曰仁無形迹底物事孟子恐人理會不得便說道只人心便是却不是把仁來形容人心乃是把人心來指示人以仁也心是通貫始終之物仁是心體本來之妙汩於物欲則雖有是心而失其本然之妙惟用功親切者爲能復之孟子之言固是渾然然人未嘗無是心而或至於不仁只是失其本心之妙而然耳則仁字心字亦須畧有分別○西山真氏曰仁者心之德也而孟子直以爲人心者蓋有此心即有此仁心而不仁即非人矣孔門言仁多矣皆指其功用處而言此則徑舉全體使人知心即仁仁即心而不可以二視之也○雲峯胡氏曰中庸言仁者人也此人字指人之身而言此則直指人之心而言言身則人有此身便自具此生理比之他處言仁已甚親切此言心則又見生之理具於人之身而心如穀種又具此生理而未生者也視中庸又親切矣義者行事之宜謂之人路則可以見其爲出入往來必由之道而不可須臾舍上聲矣朱子曰仁人心是就心上言義人路是就事上言○潛室陳氏

曰。或問孟子謂道若大路然。又曰。義人路也。道爲義體。義爲道用。均謂之路。何耶。曰。道以路言。謂事事物物各有當行之路。義亦言路者。謂處事處物。各就他當行路上行。故皆以路言。然道若大路。則取其明白易知。義爲人路。則取其往來必由。不知道之猶路。無目者也。不知義之猶路。無足者也。此孟子言意別處。○雲峯胡氏曰。路在外。出入往來必由乎我。事之宜在外。而所以行事而酌其宜者在乎心。於此見得仁字自包得義字。故下文求放心。但言仁而不及義也

舍其路而不由。放其心而不知求。哀哉。舍上聲

哀哉二字最宜詳味。令平聲人惕然有深省。悉井反 處 雲峯胡氏曰。兩其字。卽是上文兩人字。蓋曰人心人路。則禽獸無是心亦無是路矣。人舍其爲人之路而不由。放其爲人之心而不知求。則不可謂之人矣。不可謂之人。則謂之何哉。此孟子所以深哀之。○新安陳氏曰。上文先仁而後義。由體而及用。此先路而後心。由用而歸之體也

人有雞犬放則知求之有放心而不知求

程子曰心至重雞犬至輕雞犬放則知求之心放則不知求豈愛其至輕而忘其至重哉弗思而已矣朱子曰雞犬放有未必可求者惟是心纔求則便在未有求而不可得者知其爲放而求之則不放矣○存得此心便是仁若此心放了又更理會甚仁今人之心靜時昏動時擾亂便是放了放心不獨是走作喚做放纔昏聵去了便是放

愚謂上兼言仁義而此下專論求放心者能求放心則不違於仁而義在其中矣慶源輔氏曰能求其心則心存心存則無適而非天理之流行而應事接物之際必能合時措之宜故曰義在其中蓋有體必有用也

學問之道無他求其放心而已矣

學問之事固非一端然其道則在於求其放心而已蓋

能如是。則志氣清明。義理昭著。而可以上達。不然則昏昧放逸（新安陳氏曰。靜時昏昧。動時放逸）雖曰從事於學。而終不能有所發明矣。朱子曰。學問亦多端矣。而孟子直以爲無他。蓋身如一屋子。心如一家主。有此家主。然後能洒掃門户。整頓事務。若無主。則此屋不過一荒屋耳。實何用焉。且如中庸言學問思辨四者甚切。然使放心不收。則何者爲學問思辨哉。收斂此心。不容一物。乃是用工。須就心上做得主定。方驗得聖賢之言有歸著。自然有契。○求放心。也不是在外面求得箇放心來。只是求時便在。如我欲仁。斯仁至矣。只是欲仁。便是仁了。○求放心。非以一心求一心。只求底便是已收之心。雖放去千萬里之遠。只一收便在此。他本無去來也。○求放心。當於未放之前看如何。已放之後看如何。復得了又看是如何。作三節看後。自然習熟。此心不至於放。○孟子謂學問求放心。又謂有是四端。知皆擴而充之。說得最好。人之一心。在外者要收入來。在内者又要推出去。孟子一部書皆是此意。○蔡氏曰。或者但見孟子有無他而已矣之語。便立爲不必讀書窮理。只要存本心之說所以卒流於異學此指陸象山集註謂學問之事固非一端然其道則在於求放心而已正所以發明孟子之本意以示異學之失學者切宜玩味故程子曰聖賢千言萬語只是欲人將已放之心約之使反復入身來自能尋向上去下學而上達也朱子曰所謂反復入身來不是將已纔出底依舊收拾轉來如七日來復不是已往之陽重新將來復生蓋舊底已自過去了這裏自然生出來只是知求則心便在便是反復入身來○上有學問二字不只是求放心便休看自能尋向上去下學而上達二句這是存得此心方可做去必不是塊然空守得這心便了○徽庵程氏曰尋向上去者下學也能向上去者上達也○雲峯胡氏曰約之使反復入身來是此心不可爲流蕩忘反之心自能尋向上去下學而上達蓋必由下學而後上達則此心又不可爲虛空無用之心也此乃孟子開示切要之言程子又發明之曲盡其指學者宜服膺而勿失也南軒張氏曰學問之道以求放心爲主然心豈遠人哉知

其放而求之則在是矣所謂放者其幾間不容息故君子造次克念戰兢自持所以收其放而存之也存之久則天理寖明是心之體將周流而無所蔽矣以堯舜禹相授受之際獨曰人心惟危道心惟微心豈有二乎哉放之則人心之危無有極也知其放而求之則道心之微豈外是哉故貴於精一之而已○雙峯饒氏曰上文說仁人心也是把心做義理之心不應下文心字又別是一意若把求放心做收攝精神不令昏放則只說從知覺上去恐與仁人心也不相接了曩嘗以此質之勉齋勉齋云此章首言仁人心也是言仁乃人之心次言放其心而不知求末言學問之道無他求其放心而已矣言學問之道非止一端如講習討論玩索涵養持守踐行廣充克治皆是其所以如此者非有他也不過求吾所失之仁而已此乃學問之道也三箇心字脉絡聯貫皆是指仁而言今讀者不以仁言心非矣○新安陳氏曰仁者人之本心也不仁之人失其本心放其心故也本心存則爲仁放則非仁非仁則不能居仁以立其體必不能由義以達其用矣求放心即所以求仁也學問者求仁之方求仁者學問之本此章歸宿在求放心上是歸宿在求仁上也一章有四心字皆是指仁而言文

理血脈甚貫讀之可見又按敎心人欲也求放心遏人欲而存天理也

○孟子曰今有無名之指屈而不信非疾痛害事也如有能信之者則不遠秦楚之路爲指之不若人也信與伸同爲去聲

無名指手之第四指也

指不若人則知惡之心不若人則不知惡此之謂不知類也惡去聲

不知類言其不知輕重之等也南軒張氏曰人與聖人同類以心之同耳不同者陷溺之故也心不若人而知惡之必求所以免於惡蓋有須臾不遑寧處者矣○新安陳氏曰此承上章以雞犬與心分輕重而言下三章亦以類相方而加切焉

○孟子曰拱把之桐梓人苟欲生之皆知所以養之者至

於身而不知所以養之者，豈愛身不若桐梓哉？弗思甚也。

拱，兩手所圍也。把，一手所握也。桐梓，兩木名。南軒張氏曰：愛其身，必思所以養之。古之人理義以養其心，以至動作起居、聲音笑貌之間，莫不有養之之法，所以尊德性，道問學，以成其身也。於桐梓知所養，則自拱把至合抱，可以馴致。於身知所養，則自士而爲賢、爲聖，亦循循可進矣。弗思，則待其身曾一草木之不若，滔滔皆是也。○新安陳氏曰：苟一思之，則思吾之一身，三綱五常繫焉，四端萬善備焉，必思所以養之。養之之道，養心以養其內，謹九容之類以養其外，使吾身爲仁義禮智根心見面盎背之身，非徒養其口體血氣之身而已也。此章身字，內包心，外包動容周旋而言。

○孟子曰：人之於身也，兼所愛；兼所愛，則兼所養也。無尺寸之膚不愛焉，則無尺寸之膚不養也。所以考其善不善者，豈有他哉？於己取之而已矣。

人於一身固當兼養。新安陳氏曰：無所不愛，曰兼愛；無所不養，曰兼養。無尺寸之膚至不養也。申兼愛兼養意。然欲考其所養之善否者，惟在反之於身以審其輕重而已矣。趙氏曰：人之於身，無所不愛，則固當無所不養。然體有貴賤小大，養其貴且大者則善，養其賤且小者則不善。此豈待他人言之而後知哉？則亦反之於身而審其輕重於心焉，則自知矣。○新安陳氏曰：輕重，即下文所謂貴賤小大是也。

體有貴賤，有小大。無以小害大，無以賤害貴。養其小者為小人，養其大者為大人。

賤而小者，口腹也；貴而大者，心志也。

今有場師，舍其梧檟，養其樲棘，則為賤場師焉。舍，上聲。檟，音賈。樲，音貳。

場師治場圃者梧桐也檟梓也皆美材也樲棘小棗非
美材也
養其一指而失其肩背而不知也則爲狼疾人也
狼善顧疾則不能故以爲失肩背之喻新安陳氏曰一指肩背有小大之分故借以旁證小體大體
飲食之人則人賤之矣爲其養小以失大也爲去聲
飲食之人專養口腹者也
飲食之人無有失也則口腹豈適爲尺寸之膚哉
此言若使專養口腹而能不失其大體則口腹之養軀
命所關不但爲尺寸之膚而已但養小之人無不失其

大者故口腹雖所當養而終不可以小害大賤害貴也
朱子曰此章言身則心具焉飲食之人無有失也則口腹豈適為尺寸之膚哉此數句說得倒了也自難曉意謂使飲食之人真無所失則口腹之養本無害然人屑屑理會口腹則必有所失無疑是以當知養其大體而口腹底他自會去討喫不到得餓了也○雙峯饒氏曰以身而言一毫一髮皆吾所當愛皆吾所當養但體有大小莫專養小體若才養目便貪色才養耳便貪聲才養口便貪味必至害其大體又曰無以小害大不是教人養其大者而不養其小者若養其小者而不失其大者則養小者不為大者之累便是不以小害大○新安陳氏曰此章言人當以養心志為重養口體為輕非謂養心志者不養口體也養心志則道心為主而人心聽命雖饑食渴飲與常人同而食所當食飲所當飲自與常人異若專養口體則人心愈危道心愈微不至於窮口腹之欲而滅天理者鮮矣孟子於此欲人不養小以失大蓋所以遏人欲而存天理也

○公都子問曰鈞是人也或為大人或為小人何也孟子

曰從其大體爲大人從其小體爲小人

鈞同也。從隨也。大體心也。小體耳目之類也。新安陳氏曰心能爲身之主使耳目從心之令者大人也心不能爲身之主反聽命於耳目而從其欲者小人也

曰鈞是人也或從其大體或從其小體何也曰耳目之官不思而蔽於物物交物則引之而已矣心之官則思思則得之不思則不得也此天之所與我者先立乎其大者則其小者不能奪也此爲大人而已矣

官之爲言司也。耳司聽目司視各有所職而不能思是以蔽於外物既不能思而蔽於外物則亦一物而已又以外物交於此物其引之而去不難矣。問蔽是遮蔽。如目之視色從他

去時便是爲他所遮蔽若能思則視其所當視不視其所不當視則不爲他所蔽矣朱子曰然若不思則耳目亦是一物心則能思而以思爲職凡事物之來心得其職則得其理而物不能蔽失其職則不得其理而物來蔽之此三者皆天之所以與我者而心爲大三者謂耳目心若能有以立之則事無不思而耳目之欲不能奪之矣此所以爲大人也朱子曰物交物上物字指外物下物字指耳目耳目謂之物者以其不能思心能思所以爲大體君子固當於思處用工能不妄思是能先立其大者然後耳目之小者不能奪此句最有力且看他下箇立字謂之立者是要卓然豎起此心使自立所謂敬以直內是也○耳目亦物也不能思而交於外物只管引將去心之官固是主於思然須是思方得若不思却倒把不是做是是底却做不是邪思雜慮便順他做去却害事然此天之此舊本多作比而趙註亦以比方釋之

今本既多作此，而註亦作此，乃未詳孰是。但作比字於義爲短。故且從今本。是○范浚心箴曰：茫茫堪輿，俯仰無垠。（音銀）人於其間，眇然有身。是身之微，太倉稊（杜兮反）米。參爲三才，曰惟心爾。（雲峯胡氏曰：堪輿，謂天地。言天地至大，而人處天地間，此身至小，不過如太倉一粒稊米而已。然人之所以可與天地參爲三才者，惟在此心。心之體豈不甚大。）往古來今，孰無此心？心爲形役，乃獸乃禽。（雲峯胡氏曰：此言心之大，往古來今人人有之。若純乎義理，則是從其大體。若役於形氣，則是從其小體。彼禽獸之心，終日役役，不過飲食牝牡而已。人之心而爲形所役，與禽獸何異。嗚呼，人之心，其大也本可以參天地，而役於小者，不能異乎禽獸，亦獨何哉。可以反而思矣。）惟口耳目，手足動靜，投間（去聲）抵隙（乙逆反），爲厥心病。（雲峯胡氏曰：此言口欲味，目欲色，耳欲聲，四肢欲安佚。本心微有間隙，彼則乘之而入矣。）一心之微。衆欲攻之。其與存者。嗚呼幾平聲希。雲峯胡氏曰。此言此心之發於義理者甚微。而役於形氣者甚衆。以彼之衆。攻我之微。如國勢方弱。而四面受敵。其不亡者罕矣。君子存誠。克念克敬。天君泰然。百體從令。雲峯胡氏曰。前八句。是說小人之從其小體。此四句。是說大人之從其大體。曰誠曰念曰敬。念即思之謂。而敬即存誠之方也。一誠足以消萬僞。一敬足以敵千邪。所謂先立乎其大者。莫切於此。天君泰然。是先立乎其大者。百體從令。是小者弗能奪。朱子曰。范氏之箴。蓋得其旨。未可易之也。愚故從而釋之云。先師曰。苟卿以耳目爲天官。心爲天君。又曰。心者形之君也。出令而無所受令。即此語以看孟子此章甚切。能先立乎其大者。則此心卓然能爲耳目之君。而從其大體。所謂天君泰然。百體從令者也。不能先立乎其大者。則退然方聽命於耳目。而從其小體。所謂心爲形役者也。立之如何。亦曰操而存之。使得其能思之職而已。

○孟子曰。有天爵者。有人爵者。仁義忠信。樂善不倦。此天

爵也。公卿大夫。此人爵也。樂音洛

天爵者。德義可尊。自然之貴也。南軒張氏曰。仁義忠信。忠信只是誠實。此又言二者。○雙峯饒氏曰。仁義。人人有之。忠信樂善。人所當勉。須忠信樂善。仁義方爲我有。乃爲可貴。○新安陳氏曰。樂善。即樂此仁義忠信。不倦者。樂之至也

古之人脩其天爵。而人爵從之

脩其天爵。以爲吾分去聲之所當然者耳。人爵從之。蓋不待求之而自至也。南軒張氏曰。古之人脩其天爵而已。非有所爲而爲之。人爵從之者。言其理則然也

今之人脩其天爵。以要人爵。既得人爵。而棄其天爵。則惑之甚者也。終亦必亡而已矣要平聲

要求也脩天爵以要人爵其心固已惑矣得人爵而棄天爵則其惑又甚焉終必幷其所得之人爵而亡之也

朱子曰孟子時人尚脩天爵以要人爵後世皆廢天爵以要人爵○問脩天爵以要人爵者雖曰脩之實已棄之久矣向待於得人爵而後始謂之棄耶曰若是者猶五霸之假仁猶愈於不假不脩者耳○南軒張氏曰古之士脩身於下無一毫求於其君之心而人君求賢於上每懷不及之意上下皆循乎天理是以人才衆多而天下治逮德之衰在下者假名而要利在上者徇名而忘實而人才始壞矣降及後世則不復以仁義忠信取士而乃求之於文藝之間自孩提之童則使之懷利心而習爲文辭則併與其假者而不務矣則人才何怪其難哉○新安陳氏曰無所爲而爲善者誠也故堅所守而不移有所爲而爲善者僞也故得所求而遂已或曰脩其天爵亦有人爵不從之者棄其天爵亦有人爵終不亡者何也曰脩天爵自有得人爵之理棄天爵自有亡人爵之理其不得者上之遺賢其不亡者下之僥倖豈常理哉

○孟子曰。欲貴者。人之同心也。人人有貴於己者。弗思耳

貴於己者。謂天爵也

人之所貴者。非良貴也。趙孟之所貴。趙孟能賤之

人之所貴。謂人以爵位加己而後貴也。良者本然之善也。趙孟。晉卿也。新安倪氏曰。晉趙氏世呼趙孟。如智氏世世呼智伯。晉爲盟主。趙氏世卿。故當時謂趙孟能賤貴人　能以爵祿與人而使之貴。則亦能奪之而使之賤矣。若良貴。則人安得而賤之哉

詩云。既醉以酒。既飽以德。言飽乎仁義也。所以不願人之膏粱之味也。令聞廣譽施於身。所以不願人之文繡也。聞去聲

詩大雅既醉之篇。飽充足也。願欲也。膏肥肉。粱美穀。令善也。聞亦譽也。文繡衣之美者也。仁義充足而聞譽彰著。皆所謂良貴也。新安陳氏曰。兩不願字。即中庸不願乎其外之意。充足乎仁義之良貴。則自無所慕乎人爵之貴矣。○尹氏曰。言在我者重。則外物輕。南軒張氏曰。人眞知其貴於己者。則見外誘之不足慕矣。惟不知在己之自有至貴。是以慕外而求於人也。良貴得之於天。人何預焉。得於天者。公理。而求於人者。私欲也。令聞廣譽。君子非有欲之之心。飽乎仁義。則聞譽自至。猶言爲善有令名。理之固然者也。○雲峯胡氏曰。上章一要字是內輕而外重。此章兩不願字。是內重而外輕。○東陽許氏曰。世人但知公卿大夫之爵爲貴。而不知在我之身皆有貴者。乃天所賦之善。所謂天爵也。天爵人所同有。故思則得之。人爵各有命分。雖求之無益。天爵亦是天命。此則義理之命。人爵乃氣數之命。孟子前章尚有脩天爵而人爵自至之說。此章則於人爵下兩不願字。是不將這箇爲念矣

○孟子曰仁之勝不仁也猶水勝火今之爲仁者猶以一杯水救一車薪之火也不熄則謂之水不勝火此又與於不仁之甚者也

與猶助也仁之能勝不仁必然之理也但爲之不力則無以勝不仁而人遂以爲眞不能勝是我之所爲有以深助於不仁者也朱子曰仁之勝不仁也猶水勝火以理言之則正之勝邪天理之勝人慾甚易而邪之勝正人慾之勝天理若甚難以事言之則正之勝邪天理之勝人慾甚難而邪之勝正人慾之勝天理却甚易蓋纔是蹉失一兩件事便被邪來勝將去若以正勝邪則須是做得十分工夫方勝得他然猶自恐怕勝他未盡正如人身正氣稍不足邪便得以干之矣

亦終必亡而已矣

言此人之心亦且自怠於爲仁終必幷與其所爲而亡之○趙氏曰言爲仁不至而不反諸己也南軒張氏曰此爲有志於仁而未力者言也仁與不仁特係乎操舍之間而天理人慾分焉天理存則人慾消固不兩立也故以水勝火喻之然用力於仁貴乎久而勿舍若一暴十寒倏得復失則暫存之天理豈能勝無窮之人欲遂以爲仁不可以勝不仁而不加勉焉則同於不仁之甚者其淪胥以亡也必矣學者觀此可斯須而不存是心乎天理寖明則人欲寖消及其至也人欲消盡天理純全以水勝火其不然乎○新安陳氏曰深味亦終必亡而已矣竊以爲此章恐爲戰國之諸侯言之以時暫一念一事之仁欲勝彼之殘暴甚不仁不惟不能勝遂使人謂仁不能勝不仁豈非反助其虐亦終必滅亡而已矣如此解則與天爵人爵章終亦必亡而已矣解爲終必幷所得人爵而失亡之者相協也

○孟子曰五穀者種之美者也苟爲不熟不如荑稗夫仁

亦在乎熟之而已矣荑音蹄稗蒲賣反夫音扶

荑稗草之似穀者其實亦可食然不能如五穀之美也。但五穀不熟則反不如荑稗之熟猶爲仁而不熟則反不如爲他道之有成是以爲仁必貴乎熟而不可徒恃其種聲上之美又不可以仁之難熟而甘爲他道之有成也○尹氏曰日新而不已則熟慶源輔氏曰日新日進也不已無間斷也必日進於一日而又無間斷然後純熟夫仁○潛室陳氏曰他道如百工衆技百家諸子皆是○雲峯胡氏曰此章與上章相因上章言爲仁之不力無以勝不仁此章言仁之熟由於爲之力熟無所容力熟之在乎用力○新安陳氏曰而已矣者熟之之說盡夫爲仁之功外此無他也苟能於孔門求仁之方循而行之日新不已由勉而利利而安心與仁一則熟之功效氣象可言矣

○孟子曰羿之教人射必志於彀學者亦必志於彀彀古候反

羿善射者也志猶期也彀弓滿也滿而後發射之法也

學謂學射

大匠誨人必以規矩學者亦必以規矩

大匠工師也規矩匠之法也新安陳氏曰二節兩學者字一謂學射者一謂學匠者○此章言事必有法然後可成師舍上聲下同是則無以教子弟舍是則無以學曲藝且然况聖人之道乎南軒張氏曰學者之於道其爲有漸其進有序自洒掃應對至於禮儀之三百威儀之三千猶木之有規矩也亦循乎此而已至於形而上之事則在其人所得何如形而上者固不外乎洒掃應對之間也舍是以求道是猶舍規矩以求巧也○慶源輔氏曰射者志於彀而眞積力久則善中矣工者守乎規矩而眞積力久則能巧矣教者與

受教者。舍彀而言中。舍規矩而言巧。皆誣也。○雙峯饒氏曰。聖門教人定法。無如一部大學。○雲峯胡氏曰。此章與離婁篇首章相似。彼謂治天下不可無法。此謂師之教。弟子之學。皆不可無法。

孟子集註大全卷之十一